天堂意識與精神進化

關於人過世後的生命以及達到你們最大潛力的過程

一份探索未知的知識和智慧的指南

芭芭拉 Y•馬丁

迪米特裡•莫拉蒂斯 著

于曉明 翻譯

劉亞平 審校

加拿大國際出版社

Canada International Press

書名：天堂意識與精神進化

　　——關於人過世後的生命以及達到你們最大潛力的過程

　　一份探索未知的知識和智慧的指南

作者：芭芭拉 Y·馬丁和迪米特裡·莫拉蒂斯

翻譯：于曉明　　　　審校：劉亞平

出版：加拿大國際出版社 www.intlpressca.com

Email: service@intlpressca.com

印刷版 ISBN: 978-1-990872-22-1

電子版 ISBN: 978-1-990872-22-8

2023 年 9 月出版 2023 年 9 月第一次印刷

Title: Heaven and Your Spiritual Evolution:
　　A Mystic's Guide to the Afterlife & Reaching
　　Your Highest Potential
Written By: Barbara Y. Martin and Dimitri Moraitis
Translated by: Yu, Xiaoming
Proof reader: Liu, Yaping
Publisher: Canadian International Press
Print ISBN: 978-1-990872-22-1
EBook ISBN: 978-1-990872-22-8

前　言

　　與芭芭拉一道寫這本書對於我來說，是無以復加的榮幸。書中提供的智慧是她畢生的經驗，而本書的寫作也歷經多年才完成。我認為，本書在多方面都堪稱她著作中的典範，因為她在此書中講述了她諸多的精神經歷和天賦，透露了一個神秘主義者和精神教師的內在生活。我和芭芭拉已共事多年，我可以說，在她所有傑出的精神天賦中最為突出的就是，幫助靈魂通過生活的精神維度而成長。在她的許多超覺天賦中，在意識清醒的狀況下出行到多層精神世界，並且幫助他人與這些世界建立聯繫的能力當屬非凡，也是最為不易掌握，難度最大的能力之一。

　　探索靈魂進化的過程是一項非常艱巨的任務，其涉及到形而上學的諸多方面，需要理順思路脈絡才能表述流暢清晰。這本書的依據是博大精深的奧秘宇宙學傳統，其論述在神智學，希伯來神秘哲學，薔薇十字會等著作中均有提及。在探索精神世界的許多方面時，思考這段旅程的宏偉可能會感到眩暈，就像登山者第一次看到珠穆朗瑪峰時，起初會被他們面前的壯觀感到害怕一樣。就憑直覺，讓神聖的本質引導你們。想想這些精神領域原本就是你們的內在，渴望著被發現和表達。

　　我們每個人都有一個要攀爬的精神階梯。你們不僅希望告別地球塵世的方式要好過你們找到它的方式；你們還想要在離開它時，自己的意識水準要高於初來時的程度。在追尋精神道路的過程中，你們既是注重細節，專心成功的科學家，也是展現靈魂潛力，表達創意的藝術家。隨著攀爬梯階，你們各方面的表現力都在增強。生活倒並不一定會變得更容易，但它確實會變得令人更興奮、更充實，你們還會感到自己日漸深入地參與偉大的善行。

　　書中多處都需要沉思。可以撥出時間，靜靜地觀想彼岸的美妙之處，同時要把自己的進化程度也置於其中。的確，精神上升的歷險無所不至，所到之處會有挫折阻礙，也是當然。

　　我走上這條神秘的道路已有多年，可以和大家分享的是，所有的努力都是值得的。你們可以把你們的潛力發揮到極致。要有勇氣，跟著你們的心，追隨至高的靈感，用長遠的視野來看生命。你們的精神潛力是漸次展現的，每一步都有各自的美。伊索寓言中的龜兔賽跑，贏得比賽的是緩慢而穩定的烏龜。在精神道路上行進，需要堅定不移才能通往勝利。

　　願你們在神秘之旅中找到快樂和充實。

在光和愛中，

迪米特裡·莫拉提斯

本書介紹

　　呈現這本關於天堂世界和你們的精神成長的書使我感到由衷的高興。作為一個形而上學的教師，我最重要的作用是幫助人們實現他們的精神潛力。我的目標是讓你們更好地理解精神展現的過程，這個過程會引導你們到達那個我們稱之為天堂的宏偉的地方——地球上每一個人類靈魂的命運。迄今以來的最佳精神成長時間就在當前。越來越多的人醒悟到他們的精神潛力。然而許多充滿了熱情的人，對於精神道路是怎麼一回事並沒有清楚的概念。若你們想要成為醫生或律師，都有明確的路徑在那兒。可是，當涉及到你們的靈魂成長——這一最重要的目標時，對其進程卻知之甚少。

　　通往天堂之路是門知識面廣博的學問。我們不僅要以形而上學的視角來探索天堂，我們還將研究通往那兒的諸多精神維度，即我們進化道路上的組成部分，以及我們如何經歷這些維度。我們將講解，你們的精神升程並不是到來世才會開始的原委，因為你們已經在此旅途中了。我們也將探討塵世生活中的一切如何是先在精神世界創造，而後再展現出來的。以及你們所有的行動是怎樣影響你們或接近神聖的目標或與其相距更遠。

　　我告訴大家的這些精神世界的智慧和知識是得於我的有素訓練和超覺天賦的經驗。從三歲開始，我就可以看到輝光場，即每個靈魂所包含和散發出來的精神能量。但天賦是要經過歷練的，我是用了幾十年時間才達到自如運用超覺天賦。我也是在很小的時候就去過精神世界。我知道這聽起來很難讓人相信。親歷死後的世界或天堂不是要留待我們過世後嗎？一個人能和死後的世界來往走動，還能講出所見所聞嗎？

　　事實上，我們都是精神領域的一部分。這些領域是我們出生之前的所在。也是我們在塵世間生命的維繫，一俟我們在地球上的時間結束，我們便會折返原來的內在世界。對此說的爭議是存在的，我們大多數人對這些內在的維度都未保留意識上的覺知。在我們行走於塵世的期間，那些記憶和經歷都被湮沒了，除非有契機重新點亮該智慧。即便如此，報導有人到過異域奇境的案例依然層出不窮。

　　我早在八歲時就開始有了內在世界的經歷。通常那些事是發生在我白天午睡的時候。起初的經歷很簡單，我被帶到彼岸，那兒是一片田園風光——和你們可能去到的地球上的某個美麗的地方沒有什麼不同。這些遊歷經常發生，但一開始持續得並不久。我並非有意讓它們發生；它們似乎是自己發生的。我知道我當時不是在做夢，也不害怕或擔心我可能是要死。相反，因為我被帶到的地方很好玩，那些遊樂令我很開心。

　　我是在大蕭條時期長大的，當時這些內在世界的經歷給了我支持。有些年份我和家人過得很難，那時其他人過得也一樣。這些精神世界的經歷讓我跳出這些難處的局限，認識到還有更偉大的生活存在。每當我從這些精神之旅返回，就感到煥然一新了。然而，我很快就知道不對他人說我的經歷了，因為他們理解不了我當時經過的事。

　　我到了十幾歲上下，往精神世界去旅行的次數就多起來了。起初的出遊是在我睡覺的時候發生。那些都可不是夢，而是活生生的真實經歷。我通過天界的存有認識了內在的世界。在這本書的裡，我將這些奇妙的神聖存有稱之為天使和大天使，或"神明"或聖者們。聖者們一直都在我的周圍，卻沒有透露是他們把我帶到這些精神的領域，直到我長大了，

對此有了理解和鑒別能力之後才說。他們帶我去到彼岸的許
多地方，在那裡我慢慢地開始意識到精神生活的廣袤了。

漸漸地，我開始接受精神世界的訓練。我常被帶到特設
的訓練中心，他們管那兒叫做"聖殿"。聖殿的種類繁多，
各有專司。那是些宏偉的建築，裡面充滿了聖光，是施教和
加持的地方。天使總會引我進入這些領域，全程給予支援，
然後帶我回來。我在塵世間遇到事情，他們也會幫助我，並
且教我瞭解和應用我的精神天賦。

這種夜間訓練的一直持續到我 19 歲左右，那時我入行
了娛樂界。我的家人輾轉美國多地後，也在洛杉磯落下腳來。
我的父親是一名希臘東正教牧師。同時也是教堂建築師。主
教教區常會派他去一個新的城鎮，召集教區信眾，建造教堂，
然後派他到另一個城市做同樣的事情。他做這個工作很在行，
但薪水卻很微薄。這麼頻繁的搬家，還有包括我再內的六個
孩子要養活，單靠一份牧師的收入，我母親過得十分艱難。

當我父親被派到帕薩迪納市建造一座教堂時，我們都搬
到了那裡。我的母親喜歡上了加州。她告訴我父親，教會再
要派他上別的地方他都可以去，但家就安在洛杉磯了。我也
愛上了加州。我們是在 20 世紀 40 年代好萊塢的黃金時代搬
到那兒的，我有一個哥哥，他是一個優秀的演員。我通過他
進入了演藝界，那時我年僅 19 歲，就開始了自己的綜藝節
目。我即是製作人，也寫一些喜劇小品和音樂。我們在當
地，尤其是在軍事基地迴圈演出，還有了名氣。最終，我手
下工作的人員達到了 300 人。

在這段時間裡，我嘗試過上"正常"的生活，對研習超
覺天賦和形而上學沒那麼用功了。我熱衷參與娛樂界，當時
認為我一生都會幹這行了。演出了幾年之後，我收到邀請去
拉斯維加斯演出我們的節目。正值那兒的娛樂界剛興起，他
們需要人才。那是一份利潤豐厚的合同。其出價比以往收到

的都高。正當我準備接受時，聖者們卻來到我面前，向我揭示，我的命運並非在娛樂界。確切地說，我的命運所在是成為一名形而上學的教師。他們讓我略看了我當精神教師的生活。不用說，在他們的展示中我看到了智慧，但這也意味著我不得不放棄我的演藝生涯。這個決定並不容易下，但我還是推掉了那份邀約，劇團裡大夥兒都很失望，不明白我為什麼會推辭這個大好的機會。

一俟我承諾跟隨我的精神道路走，一個奇妙的形而上學訓練的新階段就開始了。我見識了內在生活的廣袤，還被帶到了我無從想像的維度。聖者們對我的施教，從科目到細節難度都很高，我也勤耕不輟地學習。那段時間的收穫真是很大。這種內在的訓練持續了很多年，但從我外在的生活情況和時間上卻看不出來。當時我還沒有做形而上學的教學工作。我不曾對誰透露過，所以沒人知道我經歷了什麼。在那段時間裡，我結過婚，有了兩個漂亮的孩子，經歷了離婚和一個親人的死亡，要單獨撫養兩個孩子還要日常工作。那是些美好與挑戰並存的日子。

接下來，我的父親意外地去世了。我非常愛他，希望和他多呆在一起，但由於他的工作和旅行奔波，我和他還是聚少離多。在悲痛中，我也在想此後的生活該怎麼走。我並沒感到失落，但我感到確有一種巨大的悲傷。承蒙上帝的恩典，就在我父親去世後不久，我就遇到了我生命中最重要的人之一：我的良師益友和精神教師，伊內茲‧赫德。是她培養了我後來成為一名教師，一生教授形而上學。

伊內茲是一個非同凡響的女士。她出生在奧地利貴族家庭中，後被迫逃亡到美國。她也是與生俱來就有超覺天賦，早年是過著"正常"的生活。她結了婚，生了孩子。在她二十八九歲的時候，她因誤食受污染的生菜而中毒，幾乎喪命。當時她祈禱，如果活下來，她便獻身於上帝和精神事業。當然，她是活了下來，繼而成了一名傑出的教師。她接受過多年的訓練，在印度跟隨神智學協會的一個神秘主義者潛心學習並獲得傳授。伊內茲有諸多精神上天賦。她對輝光的觀察解讀精准到不可思議。她與精神管理層有緊密的聯繫，並逐步獲取了對內在世界的深刻理解。她僅私下以小組的形式授課。她的使命並非講給大眾聽。然而，伊內茲曾對我說，我日後不僅會是一名形而上學的教師，我還會向許多人介紹我的精神事業，成為公眾人物。

她幫助我熟練運用我的精神天賦，並為日後嚴謹的形而上學教學做好準備。她訓練的一個重要部分是拓深我內在層面的工作。我們經常由聖者們引領，同往精神諸世界，她教會了我很多東西。這種不同階段的訓練大約進行了將近 10 年，學習強度大的時候比平時更辛苦。當這個訓練結業時，我已經準備就緒，要當一名形而上學的教師了。不久，我的職業生涯便正式開始了。

通過我多年所做的教學和我有幸幫助的人們，我與上帝的關係才得以加深。現在我雖已至生命的成熟期，依然去內在世界旅行，親歷加持。我非常感謝我的合著者迪米特裡・莫拉蒂斯，感謝他在寫這本書時的傑出工作。我們共同寫作已有多年，我對他的施教也延續至今，當我的教師任期完畢業後將會由他繼任這項工作。在這本書中所述的大多訓練他均已經歷過。此外，我也十分感謝我的學生們——我的精神旅程的同行人——為確保本書的完成，他們在我們寫作過程中給予了一貫的支持。喬納森・威爾特希爾創作的插圖令我稱道。他的作品很棒，呈現了精神世界的逼真翔實和恢宏壯麗。

在意識上你們不需要記得自己是精神世界的一部分。到了該到的時候，你們自己的內在生活的直接體驗將會向你們敞開。最要緊的是要彙集所有的快樂、積極性和滿腔熱情去追求你們的精神成長。盡你們所知做到最好，便會加深與天堂和內在生活的聯繫。遵從你們生活的最高理想和抱負，堅守不渝。還有一個奇妙的所在，就是我們的精神支援系統，它激勵著你們達到你們的最高自我和榮耀的天堂諸領域。

願上帝保佑你們在精神旅途上喜獲豐收。

在聖光和愛中，

芭芭拉 Y. 馬丁

《天堂意識與精神進化》的讀後感言

顧美皎

　　我是一名神學初學者。但一接觸這本書就愛不釋手。我一直對天堂樂園很好奇，並渴望探索這個神秘的未知世界。出現在我面前的這本書，實際上是關於"形而上學"的。我知道在希臘語中，它的意思是"在物質之後的東西"，這是一種哲學思想的門類，探索不能通過感知認識的事物，用理性的邏輯推理可以得到答案的一門學科。

　　由於人的肉身終究都會成為一捧黃土，靈魂則是永生不滅的物質，因此天堂是地球人嚮往的歸宿。不能膚淺地認為，單憑活著時的樂善好施，人過世後就能直接升入天堂，道理是在物理世界的層面，有自由意志和業力在起作用。這只是靈魂回歸的長途旅程的一部分。我們需要很長的一段旅途跋涉才能到達天堂。

　　因為肉身在塵世間往往容易被物質引誘，而忽視了靈魂在精神層面的進化。用形而上學角度來看，精神世界的進化最為重要，只有通過精神進化才能使靈魂成長；一個人只有靈魂進化到一定高度，才能奢望進入天堂；只有當精神昇華到神聖的最高境界時，才會激勵人們進入最高理想的自我，才能到達偉大的彼岸和天堂領域。然而攀升精神階梯過程往往艱難，不易一帆風順，會有挫折阻礙，有時經過一生也沒有完成，甚至需要經過數度輪回轉世才能逐步登到高峰接近神源，接近神源的地方就是天堂了。靈魂會展現无窮的潛力，積聚更多的精神力量，來克服進化道路的崎嶇不平。精神進化的道路是用愛心鑄就的，唯有獻出更深的仁慈善行，做出更多的奉獻，才能到達天堂，再從天堂進入上帝的國度。

文字是美學的最佳表達之一，尤其中國文字顯示獨特的美感，具有較高的抽象性和思辨性。它可以感心、感耳、感目。本書譯者用心、用情、用智慧翻譯，是一本少有的功夫作品。我有機會讀到原文，再讀譯作後驚喜地看到，翻譯在語法和語義上的中文表達均竭力忠實於原著。我很欣賞譯者在作者的這本充滿創意和靈感的書的基礎上的匠心獨運。字裡行間閃現的漢字、短語、詩句、成語就像是灼灼閃現的寶石，令人愉悅。對我來說，他們就像是靈巧的鑰匙和照明的燈光，深情地幫助我在這神秘的探險中，通過一道道門檻。

附: **顧美皎教授簡歷**

顧美皎教授 1931 年出生於中國上海，從事婦產科臨床、科研和教學工作 60 多年。她是中國知名高等院校華中科技大學同濟醫學院附屬同濟醫院婦產科主任醫師，同時她還擔任科研和教學等職務。顧教授在中國婦產科界享有很高的聲譽和名望。她是中國最好的婦產科外科醫生之一，幫助救治了許多患者。

　　她從未停止學習，不斷地提升自己。她在有關婦產科領域的學術刊物上發表了論文 80 餘篇，編寫專著 20 餘本。擔任主編和主譯的著作包括有《婦產科學英漢對照醫學讀物》、《臨床婦產科學》（第 1、2、3 版）、《現代婦產科學》等。她還擔任了《英漢醫學詞典》（第 2 版）的副主編，參與編寫高等醫學院統編教材《婦產科學》、《中國婦科腫瘤學》（第 1、2 版）、《中華婦產科學》（第 1、2 版）。除了醫療和科研之外，她還積極投入教學和培訓當中。她的許多學生現在都是中國各醫院的骨幹人才，還有的成為教授或中國最高學術職位院士。

本書由

芭芭拉 Y. 馬丁 陳述

迪米特裡•莫拉蒂斯 執筆

目　錄

第一部分

你們的精神上升

第一章　你們不是去到天堂，你們是成長到天堂

生命如此短暫，學業卻那般漫長。

———— 喬叟

　　這裡有一個永恆的居所，海納百川的生命之家。這是一個生命流動自如的地方；愛與祥和快樂盡在，正義到處盛行；在這裡你們會充滿創意，強壯健康，英姿勃發，活力四射。無論你們身在何方，無論你們走了多遠，這個家都為你們而在。當你們感到失落、悲傷、絕望或被遺忘時，這永恆的居所在此溫暖人心，感化靈魂。過往的陰霾便隨之消弭。你們註定的歸屬和你們的真我所在就是這裡。

　　我們把這個神聖的地方稱之為天堂。我們有許多人把生活建立在只修來世的觀念上，即我們此生在世的所作所為決定我們下輩子的生活好壞。天堂給予我們的是目的性。它堅定了我們行為的意義，生活並非隨機或偶然。當然，也有人說天堂是人類的謬見——歷來用於應付世上的艱難與費解之事的一種迷信。往好裡說，天堂或地獄都由我們自己所造，在於我們過生活方式。還有的人認為天堂這個問題，唯有死後才有解答。

　　沒有一本書能證明其不可成立！天堂存在。這是一個見仁見智，各執己見的論題。我能與你們分享的是形而上學就這一永恆論題的學說，**以及我此生經超覺天賦所獲的閱歷。**

正如書中通篇所述，天堂不僅真實不虛，而且還是你們身為人類的靈魂藉以實現所有潛力的關鍵所在。它不僅為一處地方；而且是意識的一種狀態。要成為天堂的一部分和它所體現的意識，你們則必須開發你們的精神潛力。

　　形而上學教導說，僅因為是個好人，你們還去不到天堂；你們得通過持續漸進的、光明遠大的精神進化過程而成長到天堂。要成為天堂的公民，首先你們必須展現你們力所能及的一切向好，這意味著學習表達每一種善良，每一種才能，每一種品性優點，以及十足的精神力量。隨著你們一步一步地展現，進入到瞭解自己的真我是一個靈魂，要幹什麼時，你們在精神上就有了長進。在你們體驗各種不盡相同的生活時，靈魂則隨之收集智慧，這些智慧就幫助靈魂展現其力量和潛力。神秘主義者稱這種精神成長為一種上升——你們的精神上升。

如果你們正在讀這本書，這可能意味著你們在精神上已經有所覺醒，或者是某種緣故激發了你們的興趣，想要瞭解更為宏觀的生活。這本書的目的是激勵你們把你們的精神道路擺在更重要更優先的位置上，並給出一個精神成長是什麼和通往天堂之路怎樣走的清晰畫面。為了做到這一點，我們將進行一次非同凡響的旅程，經過彼岸的諸多精神維度。我將與你們分享一些我自己在精神世界中的超覺天賦經歷，以激勵你們過一種更充實、更有益的生活。書中也會提供冥想練習以幫助提高你們對精神領域的覺知，你們作為人類靈魂的潛力。

定義天堂

對天堂的理解有多種含義。其意味著接受這樣一個觀點，即在物質世界之外還有生命，宇宙中有一個更大的組織系統，而非僅有實體層面，恒星和星系。也意味著有更大的智力，每天給予我們靈感和支持與我們互動，還意味著生活一定有目的，即便我們感到失落或無助時也是如此。

對於天堂的描述，每種文化和精神傳統都有其自己特定的方式。字典的定義通常稱它是一個由上帝統治的地方，天使和行公義的人在死後居住在那裡。它最初的意思只是"天空，或蒼穹"。形而上學將天堂定義為上帝管轄範圍的所有領域。要理解這個定義，我們必須認識到彼岸不是一個地方；它是很多地方。生命的造化過程在其昇冪中有許多維度。上帝之愛總攬萬千造化，但並非所有的維度對上帝都有覺知。精神各領域的意識高度不等，較高的則開悟更多。我們把靠神源極近的精神領域稱為天堂。在天堂諸領域中上帝的力量和榮耀被充分表達。這些天界的居民歡樂地融入神源，表達創意。

天堂諸世界都是天界的實驗室——原型界，物種的原始形式首先在該處創建，然後才到地球物化體現出來。在天堂諸世界裡，我們直接參與自然的內在運作，學習與上帝共創。有些人會認為這樣的雄心壯志是無法實現的。但實際上，我們都是成長中的神秘主義者。我們的命運就是成為天堂世界和它們全部歸屬的一份子。所有的靈魂，即使他們犯了可怕的錯誤，都是寶貴的。沒有一個靈魂不可救贖。這並非是你們能否到達天堂的事；而是何時到達天堂的事。

許多人認為天堂是死亡時才有的經歷，是在許久的將來生命完結時的經歷。然而，你們每天都從天堂諸世界領受和接收。他們此刻就在維持你們的生命並賦予你們靈感。它們是所有靈感、精神之光和指導的本源。無論信仰體系如何，天堂對每個人都存在。

你們在意識上更加努力與精神諸世界建立聯繫的同時，也會釋放你們更多的創造潛力並加速你們的精神成長。精神領域中的每個領域都在神聖的經歷展現中，在你們精神自我的各個不同方面的反應中起到一份作用。踏上通往天堂之路可以從三方面考慮：

1. 一個終有一日你們會加入的地方。
2. 一種在塵世間生命中經歷、體現和表達的覺悟意識。
3. 為實現這個無比榮耀的目標所需要的進化過程。

到天堂世界的一次經歷

我一生中最大的福佑之一就是曾經和伊內茲·赫德一起工作過。她既是我的精神教師也是我的導師。當我遇到她的時候，我已有過一世的超覺天賦的經歷。然而，伊內茲把我的才能上升到了一個新的水準並打開了多扇令我無法想像的精神之門。伊內茲擁有非凡的精神才能。經她訓練我成了一名功底扎實的超覺天賦者，她還為我日後當上一名精神教師做好了前期準備。在她的幫助下，我達到了我自己的精神追求的頂峰。她的精神天賦出類拔萃，她不僅親歷了內在世界獲取了那裡的淵博知識，而且還教會了我怎樣在這種複雜的工作中做一個意識層度更高的參與者。

在和她一起工作的歲月裡最要緊的那幾年，我吃住都在她家。我們常在一起冥想，也有許多共同的精神經歷。有一次，當我們在冥想的時候，能量特別強。突然，有兩個天界的存有在房間裡顯現。他們周身發出神聖的光芒，令人屏息。伊內茲雖然很興奮，但並不感到驚訝。我們被帶出身體，發現自己處在一個異常美麗的領域。當適應下來時，我意識到我們是在天堂諸世界中的一個叫做精神乙太亞的地方。之前我們也曾一起到過彼岸的許多地方。我看了看伊內茲，發現她處在天堂的形體裡。她看起來真是容光煥發。當她在塵世間的身體裡時，她的身材發了福，但她的天堂形體卻苗條而優雅。她的輝光放射出粉紅色的光芒，即寬展又絢麗。身著一襲金色長袍的她，朝著我微笑。我看到伊內茲這迷人的一面，對這位我有幸與之共事的高雅靈魂也有了更充分的瞭解。我端詳著我自己的天堂形體，感覺得到它的強健有力。我看到自己穿著一件水藍色的長袍。

這些天界的存有們把我們帶到這裡，隨後幫助我們適應天堂的振盪頻率。他們的個子高大非凡，真令人難以置信。我們當時正站在一座宏偉的聖殿建築的地面上。那裡有各式各樣的花草樹木，我從未見過。近處風光一片旖旎，遠眺景色亦是極美。這座聖殿十分壯觀，設計精湛。伊內茲告訴我，這座聖殿是神聖和平之殿，我們即將進去。

我們沿著一條美麗的小路走向聖殿，氣氛中可見一種彌漫的淡藍色光。天堂的這種乙太光是精神乙太亞的一個特徵。它神聖的存在四處蕩漾無所不及。當我們接近聖殿時，殿內便大放光芒，五彩繽紛充滿了神聖的力量。在場的還有其他人，但我卻看不見他們，所以，感覺上我們像是在私人約會，但場地的空間卻又十分開闊。天使們領著我們進了聖殿，伊內茲點燃了些蠟燭。她跪下來，示意我照做，並告訴我要一起祈禱。

我跪下來，發現自己在祈禱自己要獻身於上帝。在我的塵世生活中，當時我的內在處於混亂之中。為了追求精神道路，我住到伊內茲家，這讓我的家庭不勝重負。我並不清楚我追求的形而上學如何能用到實處。我知道我在未來教書時，會有困難。就當我們在祈禱的時候，天界的存有們給了我們加持，我感到心扉敞開了。然後我得到了一個啟示：我必須把我的生命更徹底地獻給上帝。僅有精神才能還不夠；我還得比自己現在所做的更加臣服。雖然我對精神生活的力量和價值非常清楚，但我們畢竟還是人類，所承諾的程度還有所不足。

把我們帶到這裡來的天界的存有們開始吟唱關於愛的歌，深深地觸動了我。我覺得自己可以放下擔憂了。我看著伊內茲，她在為我祈禱。我還未達到她已經承諾的程度。她在場就是給我鼓氣。歌聲停止了。其中一個天界的存有要求我向上帝起誓。在那一刻，我做出了一個承諾，恪守至今，並將繼續到我離開這個世界。未來的挑戰不會就此消失，但是我的承諾帶來了一種內在的滿足。不一會兒，伊內茲和我發現自己又回到了我們肉體裡，在房間裡冥想，一切都是從這兒開始的。回到肉體裡時我的感覺很奇怪。離開那個榮耀的地方後，心裡有一絲悲傷。然而，聖者們給我們發送聖光，仍與我們同在。我們靜默了一會兒，不用說，發生過的事還歷歷在目。

　　這段經歷把我之前的許多精神經歷放在一起，將其結合起來看作是一整個宏偉計畫的一部分。我以一種新的方式理解了我的生活，並對我所愛的人有了更深刻的洞察力。我在我的精神旅程中獲得了新的動力，在做教師的準備工作中增強了幫助他人精神探索的知識。

天堂關乎的是人類的潛力

　　我們每個人的內在都有被禁錮的巨大的力量，但這些都是必定要被找到和開發的。在人類致力的每個領域中，這些精神力量都是取得成功的關鍵。在古希臘，外國人第一次看到雅典衛城和城裡壯觀的帕台農神廟時，都感到敬畏。他們認為那樣的建築是聖者們給自己建造的住所。那些接近天才莫札特的人們都感到驚歎。他們不理解一個人怎麼會有這麼多的音樂才能。我們來看看今天的奇跡——解開原子的奧秘，把人送到太空，建造電腦，解開人類基因組——還有人類能夠想像的其它事情，都讓人眼花繚亂。為人類造福的偉大成就都是靈感流經精神的所為。即使我們不這樣想。當然，就人類潛力而言，最為深奧的也是在精神領域裡了。

　　地球上的每個人都有一份精神潛力。它驅動著你們所做的一切。為了展現你們的精神潛力，你們需要喚醒潛伏在你們內在的神性力量和意識，將其積極地表達出來。為了開發這些潛在的力量，靈魂必須通過創造開始朝聖，在創造中展現它的力量，為的是最終圓滿實現，回到它神聖的源頭。在這幅宇宙圖景中，地球上的生活是一所學校，你們所有的經歷都是你們精神成長的一部分。靈魂生生不息，其經歷遍及存在的所有奇跡、奧秘和矛盾。然而，在你們所有的經歷的背後，是你們更大的精神目的。無論苦樂，生活的歷練就是學習經驗。

從形而上學的觀點來看，每一個靈魂都很珍貴且必不可少。我們註定最終都要走向偉大，但我們在進化過程中達到的程度並非一致。我們的成長各有自己的節奏。旅途中你們無論到了哪裡，都是美麗的。對你們的要求是展現你們該有的精神力量和才能。這將幫助你們在進化過程中達到你們該達到的程度。這是你們能做到的最好的事情。最甜蜜的喜悅莫過於達到你們的潛力並實現你們在神聖計畫中的作用了。

這些事情是怎麼被知曉的

人還沒死怎麼可能而知道彼岸的事呢？有無數的案例都報告了人們在精神世界的經歷。這些離體經驗可以分為瀕死經歷和星光體旅行等類別。瀕死經歷產生於人在受到危及生命的創傷時。那時的當事者可能處於暫時死亡，但靈魂卻會相當活躍。這些經歷可以成為改變生活的事件，讓人們得以窺見更偉大的精神生活。其它的離體經歷可能是更簡單和更世俗，例如親眼目睹醫生給自己做手術。還有，當靈魂離體後遇到彼岸的惡靈，這種遭遇挺可怕的。

有一種離體經歷叫做星光體旅行。星光體旅行可以是自主的，或不由自主的。在某些非因創傷造成的情況下，人們離開肉體，但有覺知。星光體旅行並非真的去到彼岸。當事者仍在地球上，但不在他們的肉體中，而在星光形式中。他們可以憑藉他們的星光體遊動，四處參觀造訪。有些人具有用星光體旅行的異能，就好像一些通靈者那樣。但我不推薦這種旅行，因為它可能會有危險。就像瀕死經歷一樣，星光體旅行也表明，在物理維度以外，存在著生命。

　　還有另一種類型的離體經歷，即形而上學所指的，有意識地進入精神諸世界的能力。這種經歷是神秘主義者的一個生活特點。有意識地進入內在諸世界是上帝和人協力才能辦到的事，經歷精神世界是對靈魂的精神教育和揭示的一部分。這些經歷可能發生在醒著的時候或夜晚睡覺的時候。建立一個與內在世界有意識的聯繫是一個過程，每個靈魂都要經過才能完全覺悟。我所描述的精神經歷就是屬於有意識地進入內在諸世界的範疇。

形而上學的一個扼要介紹

　　在這本書的全書中，形而上學這個詞的意思是"在物質後面的是什麼"。它是對有肉體的生活的精神根源的研究。在這方面，形而上學與其它高尚的研究，如神學、哲學、神秘論、神智學和本體論，有著相似的目標。這是一項神聖的事業，它遵循的傳統是整個星球的，在史前即存在，現在又以蓬勃之勢再度振興。

　　古往今來，形而上學的學派種類繁多。雖然有些論點是共通的，但各自的學說都側重於面向其所含蓋的受眾。本書所陳述的形而上學是被稱為光國學說的一個神秘主義學派。

這是個宏大的精神研究體系，它可以追溯到四千年前的古代希伯來和晚些的基督教神秘主義。這是給予當代人類的一部分通識教學，與宗教宗派並無關。伊內茲稱此為基督的智慧。在這本書中，"形而上學"和"光國學說"這兩種術語是可以互換使用的。為了更好地理解形而上學是如何看待精神進化的過程的，這裡有三個基本的形而上學原則：

輪回轉世——你們不可能在一世完成所有的事情

　　許多人把生命看作是從娘胎到墳墓的一次旅行。從出生，過日子，到死去。這是占主流的人生觀，活著就要及時行樂，因為人生只有一次。另一些人則認為這一輩子受罪是暫時的，你們的行為善惡會決定你們以後的永生永世。這種壓力則太大了！形而上學的教導則是，僅憑一世，無論你們那一世的生活有多好，是學不到所有的人生課程，也展現不了你們全部的精神力量和才能。一個靈魂從心存抱負蛻變到精神上成熟覺悟，其間的成長階段多得數不清。

　　這就有了反復投入肉身的出現。人類要在塵世間經歷許多輪回轉世才能逐漸完善自己，這是個不言自明的道理。通過一次又一次地投入肉身到地球，你們積累了經驗和智慧，以獲取成為天堂領域居民的權利。人們到達精神成熟的目標有早有晚。無論你們途中到了哪裡，最終每個靈魂都會達到圓滿。

　　你們已經有過許多前世了，成就了許多事情，經歷了無數的艱難險阻。在你們的許多輪回中，即有成功也有失敗。

你們曾富有，也曾貧窮，才華橫溢過，也愚笨無知過，當過
聖徒，也當過罪人，有過男人身，也有過女人身。你們幾乎
在世界的各個角落都生活過，體驗著各個種族和文化。通過
每一世生活，你們逐漸地掌握了技能、才能和品性特徵，這
些成了你們的永生自我的組成部分。轉世教給你們的是總有
第二次機會。如果你們犯了錯誤，這是誰都難免的，你們會
得到機會在某個來世糾正那些錯誤，以使達到精神領域的目
標獲得成功。

　　輪回轉世也涉及靈魂"在兩次生命之間"在精神世界中
度過的時間。當你們在彼岸時，你們不僅僅是在等待轉世輪
回到塵世間。在精神的世界裡，你們還過著豐富、充實的生
活。你們有各種活動、朋友、經歷、冒險和待完成的一些事
情。你們回顧和消化你們在地球上經歷過的事情，並為來世
註定要辦的事情做準備。

精神管理層——你們從未孤獨一人

　　天堂和精神諸世界最美的方面之一就是你們從天界的存
有那裡得到的支持。我們稱神的組織為精神管理層。精神管
理層是上帝的神性計畫的管理者。這個神聖的順序排列包括
天使、大天使和其他至高的存有。他們分別在不同的展現層
次上工作，這就是為什麼它被稱為層級系統。他們將所有的
生命連在一起，形成了共同的進化鏈。我們需要這些偉大的
存有，因為是他們把我們與上帝相聯繫。

無論你們有無覺知，是否相信，你們每天都接收到天使和大天使充滿愛的支持。你們也許並沒有意識他們的存在，其原因是在物質世界和精神諸世界之間隔著一層面紗。這些神靈在"幕後"工作，指導地球上的生命並為他們把握方向。在精神諸世界中，人類和神靈之間沒有面紗；與精神管理層之間是有規律的自然互動。你們死後的生活就會有天使做你們可靠的導引。他們會教化、治癒並引導你們，促使你們向好的方面改變，為你們指明方向。隨著你們攀登精神的階梯，與神靈間的互動會大大加深。你們會發現這個奇妙的精神秩序的新的層面——它的博大精深是那麼令人驚歎，簡直超乎想像。

輝光和聖光——你們精神成長的燃料

每個人都有一個輝光。它是靈魂的能量藍圖。光環是宇宙生命力量的個體表現。你們生活中發生的一切都反映在你們的輝光場中。你們的思想、感受、才能、健康和安康這一切的能量基礎盡在輝光中。作為一個靈魂，你們的進化到了什麼地步都在輝光中表達得一清二楚。沒有兩個人的輝光是相同的，因為沒有哪兩個人會以完全相同的方式來表達宇宙的生命力。

輝光反映的是靈魂在如何體現和使用聖光。什麼是聖光？它是上帝發散的生命力。它是"意識的通道"。聖光涵蓋所有的光譜色，天地萬物受其靈感而生髮。神性的生活有許多屬性，都需要體現出來，所以聖光有許多方面也要整合到你們的輝光中。隨著你們發展愛、智慧、慈悲、智力、和平等精神屬性，你們輝光裡建立的精神能量[1]就愈加多。

　　你們的輝光是你們的精神上升的關鍵。這是你們鍛造你們的精神品性的地方。你們在改變你們的輝光的同時，你們就在改變你們的生活。你們的靈魂要進化，你們就需要精神上的力量。這種力量別人給不了；它必須要得自己掙。你們獲得的聖光越多，你們向上攀登的意識就越高。光和意識是手牽著手的。當你們離世時，你們的名利都帶不到彼岸，但你們積累的聖光卻能隨你們走。聖光是你們所擁有的最珍貴的東西。它決定了你們的意識狀態。它決定了你們在精神進化中所到的位置。精神成長雖然沒有捷徑，但練習聖光冥想，並將這種力量應用到生活中去，有助於建立一個傳導性的環境，以加速你們的精神成長，加強你們與來自精神諸世界的神性力量的聯繫。

---

[1] 本書中的術語"精神能量"和"聖光"交互使用，含義相同。

第二章　你們的宇宙故事

精神進化......是唯一闡明地球存在問題的內在事實......

除此之外，我們在這裡生活的意義僅憑智力是難以理解的。

—— 室利·阿羅頻多

　　你們的精神上升真是生命的一個奇跡。其成長必歷經艱險，要通過天地萬物的各種各類維度，能做到此舉的能力是無與倫比，令人難以想像的。為了理解你們的進化疆域，讓我們從講述一個故事開始——你們的宇宙故事，你們來自哪裡，你們要去向何方。

　　大多數孩子會問："我從哪裡來？"一旦我們對我們的生活和周圍環境有了足夠的覺知，我們就有了一個想知道我們人類起源的基本需要。然而，通常人們會認為生命始於肉體的出生。雖然這是你們在地球上生命的開始，但並非是你們的開始！形而上學教導說，你們不是你們的身體。你們是一個靈魂，你們的靈魂在你們出生之前早就存在了，在你們通過大家稱之為死亡的這道門後還會繼續下去。你們的靈魂就是一粒屬於永存生命而又具備個性的火花。這意味著你們的靈魂，以某種形式，一直存在著並將永恆存在。

　　你們的靈魂並不孤單。你們的與我的生命都是同樣生命的一部分。我們都是無限的生命海洋的一部分。這片無限的海洋已有的名稱不盡相同，（歸根結底，它是沒有名稱的）。在本書中，我們稱之為"所有存在的未知根源"。我們都是未知的根源的一部分。它是一切事物的核心。宇宙中的一切都出自於這個未知的根源。它在印度哲學典籍奧義書中，它是本原的梵，就是"終極實相"。在中國哲學中，它是精髓，被稱之為道。

　　有時，靈魂應要在未知根源的海洋中入眠，有時，為了進化和成熟到更高層次的意識，它需要離開未知的根源，進

　　入創造性的表達狀態。這就是我們的宇宙故事真正開始的地方。它是從上帝開始的。

　　上帝是所有存在的未知根源的，至高無上的、可以定義的表達。在形而上學看來，上帝是一切過去、現在、將來的造物主。上帝是全能的，無所不在的，無所不知的。祂廣袤無垠、長久永恆、無窮無盡、綿綿不絕。祂是不滅的心智和永恆的愛，是所有創造力的源泉，是神聖計畫的設計者。上帝即是生命的規則又是生命的表達。因為我們永遠是生命海洋的一部分，所以我們也永遠是上帝的一部分。上帝是永存的，祂通過張弛有度、動靜相宜、收放自如的無限迴圈，不斷地創造生命的新體驗和新維度。生命的展現綿綿不絕，生命的進化永無止境。當上帝決定創造我們的宇宙時，祂呼出聖息造物，新一輪的創世週期便由此開始了。

　　我們不朽的靈魂就是通過此輪創世週期的出現而誕生的。上帝的動力和磁力關係，即天父/聖母上帝，兩相交感和合於愛，產出我們不朽的靈魂的人類化身。我們出生於最高的精神領域——上帝的國度。萬物作為造化的一部分，最終都是從這個神聖的來源中汲取營養和力量的。這個巨大的領域囊括所有層次的萬物眾生，包括天堂和塵世。正如上帝教導我們的，這個地方流光溢彩，氣勢恢宏，美到無以言表，到處都充滿了愛。它不僅是人類，而且是所有生命層級，包括天使和大天使的所在。每個人類的靈魂都在這個神聖的領域開始它的旅程的，因為我們都是同一個上帝的孩子。

　　我們出生時沒有形態——我們是在上帝懷抱中的嬰兒。作為精神嬰兒，我們那時雖無法與上帝溝通，但我們對神性的脈衝是有知覺並有反應的。上帝是父母，哺育著我們，我們在光輝的天界裡生活得很快樂。然而，從一開始，給我們的計畫就是離開這個神聖的地方去體驗創造。上帝讓我們做好準備踏上發現和進化的非凡旅程。我們被送到遙遠的地方去體驗和成長，這樣我們就可以作為完全成熟的人類靈魂回到上帝的國度，成為與上帝一起的共同創造者。憑藉我們與生俱來的權利，我們被賦予創造，表達自我，為生命做出獨特貢獻的精神自由。

　　我們的出生是無數其他人類靈魂的生命浪潮的一部分——我們在光明中的兄弟姐妹——我們會和他們一起踏上這一莊嚴的朝聖之旅。我們即不是人類靈魂的首波生命浪潮，也將不會是最後一波；上帝生產了很多次。這意味著我們將遇到比我們“年長”的靈魂，更有經驗，在精神道路上行得更遠。我們會敬仰這些靈魂，向其尋求導向和指示。我們將會遇到那些還沒有走到我們現在這麼遠的靈魂。這些靈魂“年輕些”，在他們的人類旅程中經歷得少些。我們的任務是支持這些更年輕的靈魂。無論我們走到旅途中的哪裡，我們都承蒙上帝同樣的愛，我們都同樣重要。

　　一旦我們在天上的嬰兒期吸收了美和力量，精神朝聖就開始了。為了著手這段偉大的旅程，上帝賦予我們許多必要的配置。我們獲取了一個天堂形體，它就留在上帝的國度裡。這個天堂形體將是“按照上帝的形象和式樣”造的。當我們完成了朝聖，回到家裡時，我們就居住在它裡面。我們在精神旅程中要途經各個維度，這個天堂形體將作為我們寄居的無數個其它的載體的指路明燈。它是流向我們的聖光和靈感的終極使者。

我們也得到了一粒上帝精神的火花，讓我們在旅途中與上帝保持緊密聯繫。這就是"內在的上帝"，我們要通過許多精神領域，在這個過程中，逐步把它喚醒。這粒上帝的火花和我們的心靠得很近，比我們的手和腳離我們更近，所以造物主的創造之火會在我們每個人的心中燃燒發光。這粒上帝的火花將成為我們的精神指南針，所以無論精神的道路帶著我們往哪兒走，無論我們經歷了什麼，無論我們把自由意志導向何方，我們也絕不會完全迷失回家的路。我們還被賦予了一個更高的本質，它自有的神聖個性。無論我們在我們將寄居的領域裡戴的是什麼人格面具，我們的肉身將經歷什麼，我們將永遠保留我們真實身份的標誌。如此一來，我們就不會全部忘掉我們是誰和我們是做什麼的。我們的福佑還有一個是神聖精神，它是我們靈魂的父母，它和精神管理層一道工作，並隨造化給靈魂上課，這些課程之多不勝枚舉。

準備工作的最後一舉就是，在離開上帝的國度走上偉大的朝聖之前，上帝將我們與另一個新生的靈魂配對，其振盪頻率與我們的完美契合。這是一個獨立存在的完整靈魂，是我們的"靈魂伴侶"或"精神伴侶"。這將是我們在漫長的創造之旅的途中知己和良伴。我們的靈魂伴侶也會經歷它自己的精神之旅，邊學習，邊成長。朝聖中，當我們相聚一起時，我們就會同歡樂，共悲傷，分擔考驗，挑戰，成功和勝利。在旅途中，有時我們會共同歷險，有時我們也會分開。最終，我們的靈魂伴侶註定要與我們一起回到上帝的國度。

在朝聖的方方面面，精神管理層總和我們同行，引導和激勵我們。一旦我們離開上帝的國度後，我們要經歷生命的許多精神領域和領域，在那裡隱藏著對上帝的覺知，我們的任務就是，要通過許多精神的覺悟，在創造的各個方面，重新發現上帝和生命的永恆經驗。每一個發現，每一道光明，都將把我們的意識帶入對上帝的更大覺知，使我們與生命的神性本質關係更加成熟。

朝聖之旅的啟程

當朝聖開始了，上帝循序漸地進引領我們通過我們每一個精神領域，這些是我們回家的旅途中，早晚要經歷的進化 evolution 過程。卷化 involution 則是一個將靈魂沉浸於造化的過程。神秘主義者把靈魂降落到物質內叫做卷化。它非同於退化 devolution，退化是由於嚴重的失誤和濫用才能和能力而導致的精神基礎喪失。卷化不是由任何失誤、過錯或懲罰而產生的。正好相反。這是我們的造物主給我們的機會，要成為更偉大的精神存有，非經此不可。

在我們穿越天堂諸世界的降落過程中，為了和相關的天堂領域建立聯繫，我們得到了與之相適應的各個天堂形體，當我們開始進化過程，途徑這些天堂領域返回時，這些天堂形體就是我們經歷這些世界的必備之物。隨著我們降落的每一層，我們都被賦予了精神上的力量。上帝開始建立我們的輝光場，以及我們將會需要的心智和情感工具。當靈魂在經歷此番降落時，它對周圍的環境有了部分的覺知，並對天堂的廣袤和將要經歷的之多感到驚訝。當我們對我們所在的世界越來越有覺知了，我們對我們從何而來卻知之甚少了。

從天堂諸世界開始，我們穿過了生命的其它領域向下降落。這些包括行星際諸世界，星光諸世界——也就是目前我們中的許多人在升程中正通過的領域，——繼續向下降落，穿過所有原始的各領域——我們在進化過程中，很久很久之前曾經經歷了那些原始的領域。當我們經過每一個領域時，我們繼續被賦予精神力量和工具，儘管我們當時並用不著它們。當我們降落到離上帝的國度最遠的地方時，種子就播下了，我們的靈魂即此成了天地萬物的一部分。在我們的降落過程中，上帝為我們的精神回歸建立了整個輝光框架。我們現在持有了體驗生命需要的所有工具，開始了漫長、穩固的進化過程。儘管回家的旅程需要很長的時間才能完成，但路已經鋪設好了。

然而，在這次降落的過程中，我們遺失了對上帝和我們神聖起源的覺知。我們忘卻了我們到底是誰，是做什麼的。這一次，也不是由於我們這方面的任何失誤。相反，這是沉浸在造化中的結果，遺忘是不可避免的，也是我們學習經歷的一部分。我們的靈魂開始認同它周圍的環境，而忘記了它來自的那個榮耀的領域。它現在需要通過努力和抱負去學習和成長。這將成為一個戲劇性的進化過程：從離開生命的根源而導致的感覺上的緊張不安，歷經一個又一個精神維度後，終有一日，重現發現自己和生命的根源是融為一體的，萬象歸元。

當靈魂沉浸在造化之中時，靈魂並沒有完全忘記它是誰。認識的種子一直在那裡——天堂的弦音在我們的意識裡回蕩，點撥我們自己起源的實相。朝聖之旅的歡樂、愛和成就，總會鼓勵我們走得更遠，提醒我們生命的美好。痛苦、磨難和悲傷會提醒我們，無論我們所處的領域和條件如何，都還沒到最終的目的地。更偉大的東西在等待我們。

我們的精神進化是自下而上的，要通過原始而又美麗的諸多領域——這些領域我們在很久以前就經歷過了。體驗世間的有肉體的生活也是我們精神進化的一個組成部分，當這個時間來到時，我們就開始了輪回轉世的過程。我們會在地球上經歷多次輪回轉世，在各種各樣的人類體驗中，學習和成長。在每一次輪回轉世之間，我們會回到精神領域吸收所學的東西，並在那些內在世界裡繼續參與工作和奉獻，等再回到地球後，接著打磨我們的技能和獲取真知灼見。地球就是非常合宜的精神校舍——一個必不可少的但只僅供暫留的住所，是我們在精神旅途中必需的，重新煥發生機的加力站。

自從我們沉浸在造化之中，人類便一直經歷著一場非凡的精神探索和發展的旅行。無論是個人還是集體，我們已經歷了生命的許多領域，才進化到今天的地步。然而，與等候我們的精神榮耀相比，我們仍然處於童年期。迄今為止的旅程很是壯觀，但我們回程的前方更為壯觀！

有序和諧的宇宙的視覺異象

那是在教學生涯的早期，一次，我像往常一樣開始冥想，為下節課做準備。進入冥想狀態後，我的意識被出乎意料地提升到一個非常奇特的地方。我仍然完好無缺地存在於身體內，但被授予了一種能看到精神領域的視野。在這種視野狀態下，讓我看到了行星和恒星。我能在我的腦海中清楚地看到它們。我正以極快的速度掠過有序和諧的宇宙。我看到自己到了太陽系之外，穿過其它太陽系和星團。令人難以置信地見證了銀河系的美麗，它是多麼的浩瀚無垠、撲朔迷離且又生機勃勃。

隨著這個視野的繼續，我看到自己被提升到星星之外，到了我們的銀河系之外，並從外面看它。這個經歷真是太令我驚歎了。銀河系看起來就像一顆擁有無限切割面的璀璨寶石。當我驚奇地凝視著這奇觀時，我意識到我作為一個人類的靈魂在宇宙秩序中的位置。在這個難以想像的宏偉壯觀的宇宙中，這個視野並非使我感到自己的微不足道，反而讓我覺得自己是與之緊密結合的一部分。它攪動了我的內在，我難以言表，但卻令我更加意識到，誕生於上帝的我是多麼神聖。

隨即，我便感受到上帝的臨在，那神聖的振動立時讓我產生敬畏和崇敬。臨在的感覺逐漸加強，銀河系開始像玫瑰的花瓣一樣"開放"，每一片花瓣都是生命的一個精神維度。這讓我屏住了呼吸，因為這個形象揭示了生命的許多維度——這些維度是相互滲透，但又各有不同，自成一體。在視野中，這個星系在一團耀眼的光線和色彩中展現出來。

　　當我在我的腦海中目睹了這些多維度時，我感到了完整無缺的同一。所有這些精神層面的維度都是偉大整體的一部分。儘管如此宏偉壯觀，但上帝向我昭示，銀河系的所有的維度固然榮耀，萬千造化固然驚歎，但這都是對某種更大存在的表達。我墜入了一種精神上的無限喜悅狀態。無比幸福，歡快的心情，難以用語言來形容。雖然是榮耀，我仍然明白到這"只是"一種由上帝授予的視野。事實上，我並非處在這些宇宙的維度中。然而，我禁不住地想，如果說這僅是一個視覺異象，那麼實際在這些精神維度的生活又會是怎樣的呢？

　　在我的感知中，沒有任何口授，我卻豁然大悟。然後我看到自己加速通過恒星"回到"銀河系，最後抵達地球。然而，我不僅穿越了物理的行星和恒星，還穿越了精神維度的全景觀。這是多麼榮耀的事啊！當視覺異象結束時，我發現自己又回到了我的肉體意識中，我仍然能感覺到恒星、行星和衛星在心中移動。我知道所有這些精神的維度都是我的一部分，它們同樣也是每個靈魂的一部分。它讓我真切地感受到了生命的榮耀。

　　我一直對這一視覺異象保密，之前從未對外講過這一經歷。我認為這是我生命中最神聖的時刻之一。我之所以現在分享出來，是為了激勵和幫助你們感受到，同屬你們的輝煌精神傳承。

天堂在哪裡？

　　當我們抬頭仰望星空時，我們都驚歎宇宙的浩瀚無垠。其神秘莫測遠超我們的想像力。作為研究精神進化的學生，我們對星系和恒星的物理架構瞭解得越多，我們就越想知道在這廣袤的萬有之中，上帝位於何方，以及我們作為人類的靈魂怎樣與之切合。我們知道得越多，我們就越渴望知道。要更深入的地瞭解世間的有肉體的生活，就需要對精神生活有更深人的理解。

　　天堂和死後的世界不是幻想也不是夢境。彼岸是真實存在的。在很多方面，它比世間的有肉體的生活更真實。它也不是一種朦朧的、不分明的、原生的能量。精神諸世界是組織有序結構分明的。我們在世間的有肉體的生活中看到的一切——以及更多得多的東西——都存在於精神領域中。儘管物理宇宙如此浩瀚無垠，但精神宇宙卻更馳騁、更包羅。正如帕拉宏撒・尤迦南達在他的書《一個瑜伽士的自傳》中所說的那樣，"萬千的物理造化整個兒就像一個固體的小籃子懸掛在巨大發光的星光球體下面[1]"

　　為了熟悉精神諸世界，我們需要改變一下我們看待宇宙的方式。如果你們能夠用一個精神望遠鏡來觀察我們的太陽系——一個能看到生命的所有維度，而不僅僅是物理維度的望遠鏡——你們就會感到震驚。你們能看到東西，比用最好的物理望遠鏡看到的都要多得多。包羅的更多的行星：更大，更活躍，因為你們可以看到它們的精神維度。你們會看

---

[1] 尤迦南達引用了他的教師（聖尤地斯瓦爾）對星光世界的描述。

到許多在物理領域並不存在的行星，它們到處都有生命和活力。即使是我們的太陽，它看起來也會更美麗、更宏大、更加活躍。這個神秘主義的短語說的好，不是空間概念的空間：看起來空間是什麼都沒有，在本質上，卻是充滿了生命和活力。

正是這些精神維度構成了我們所說的"彼岸"或"死後的世界"。它們在宇宙的大空間中是共存的。無論是作為脫體的一種經歷，還是通過大家稱之為死亡的這道門，當我們體驗彼岸時，我們就是從我們來的地方進入精神的行星和世界。我們這樣做的次數已經多得數不清了，但每次輪回轉世，我們都把死亡認作可怕的事，但事實上，它卻並非如此。這是最自然不過的一件事情。恐怕它僅是我們在當前肉體中經歷的結束，而我們的靈魂仍在繼續。死亡只不過是生命從一個維度到另一個維度的途中經過。

為什麼我們的意識並未覺知到這些精神領域呢？我們是沉浸在塵世間的有肉體的生活中，這掩蓋了我們對非物理領域的覺知。要穿透物質的面紗，就得要尋求精神。這是朝聖的一部分：要過擁有精神的生活，在所做的每件事中發覺上帝。隨著你們過著虔誠的生活，彼此關愛，並追求你們的目標和潛力時，你們逐漸就會覺醒到精神諸領域的實相，並在意識上搭建一個通往內在世界的橋樑。

精神宇宙學

　　在通過萬千造化的朝聖過程中，要經過許多層次的意識進化。對此諸多領域和我們在神聖的進化計畫中所處位置的研究，被稱之為精神宇宙學。精神宇宙學在所有形而上學的科學中，是最古老的學科之一。它被認為是解開諸多神聖奧秘的萬能鑰匙。古人把對行星和恒星的研究看作是一種精神體驗。頗具諷刺意味的是，當今許多人把對有序和諧的宇宙的研究看作是某種東西，與他們的個人生活則毫無關係。然而，我們在地球上的生活經歷卻與有序和諧的宇宙息息相關。正如詩人法蘭西斯・湯普森所寫的那樣，

> *不朽之力造就萬物，*
>
> *或近或遠，*
>
> *互不知曉，*
>
> *雖是無曉，*
>
> *遙相呼應，*
>
> *撥弄一朵花*
>
> *一顆星就動了。*

　　我們經常忽視掉有序和諧的宇宙對個人的意義，因為我們的人格是如此專注於它自己的事務。然而，在我們所在的星球上生存是要完全依賴于其生活資源的。我們的生命完全有賴於太陽；它的行為即使出現微小的變化，也會對地球產生巨大的影響。我們深受月球的影響。晝夜的節律、用年月

周日計算時間的曆法，以及季節，全部視行星的影響而定。其影響眾多，還不僅於此。在精神層面上，我們完全依賴有序和諧的宇宙給我們的精神營養和支持。

　　當你們觀察宇宙時，你們是在瞭望你們在天堂的家園。古代的神秘主義者認為宇宙是一座大房子———一所宮殿——你們我都住在那兒。曾經有過的這樣的論述，認為地球是宇宙的中心，它被行星和恒星包圍著，但這個論述遠遠不僅是一個原始的、以地球為宇宙中心的學說。這是一個隱藏的，從塵世意識到天堂意識的，精神上升系統。無數個世紀以來，這種技術成功地引導靈魂回到了他們不朽的家園。

　　具有諷刺意味的是，這種在當時被理解和欣賞的古老智慧，在現代卻被埋葬，被視為過時的古老的迷信或民間傳說。我們為創造了當代奇跡的物質科學而感到自豪。但這並非故事的全部。無論我們的年齡，抑或我們的信仰有什麼不同，我們一如既往地是同樣的、由精神引導的靈魂。的確，有關物質世界和精神世界的舊有迷信會因我們的成長而過時。這是正常和自然的。然而，隨著更顯著的事實浮現，現在比任何以往，更是科學和精神學攜手合作的時候了。

　　沒有人知道萬千造化的極限，生命的維度疊加。作為進化中的人類靈魂，我們只能看到與我們相關的領域。精神維度的用辭在不同的奧秘傳統間是不盡相同的，不要弄混淆了。通常，他們所談的是同樣的事情。在這裡，我們將使用的是光國學說，但也參考其它的文化實踐，以期發現精神真理在根本上的一致性。

在這本書中，我們將探索與塵世分開的精神諸世界的四個廣泛的區域，以及它們與我們的精神成長的聯繫：

星光諸世界

在通過這些精神領域的進化的同時，靈魂開始以肉體的形式輪回轉世，建立它的強大智力，並潛入生命，喚醒覺知，以最終導致精神上的覺悟。

行星際的諸世界

在這些領域中，覺悟的靈魂將其所有積累的才能和經驗聚集在一起，為上升天堂做準備。

天堂諸世界

在天堂的世界中，靈魂達到了一種完美的狀態，掙得了"脫離生死輪"的方式，並在學習成為一個與上帝共創的存有。

上帝的國度

在這裡，靈魂達到了人類成就的頂峰，並成為一個完全成熟的，與上帝共創的存有。靈魂已經回到了家。

上帝的國度

七重天堂

七精神的國度

精神之光的國度

內在之光的國度

眾神的國度

創造之國度

光之國度

精神乙太亞

行星際的諸領域

乙太諸世界

因果諸世界

心智諸世界

星光諸世界

說明 2-1：上升經過的精神層次

天堂既在外，天堂又在內

　　精神領域的奇跡在於它們不僅有實際的體驗位置，而且也是內在的意識狀態。通過學習、發展和喚醒內在的神性，你們展現了你們的天堂部分。精神領域現正在滲透你們。這些你們都不會覺察到，直到你們喚醒了精神感官才會有感知。如此一來，上帝就不是"外面的某個地方"，而是你們天生的一部分。

正如神秘主義者和神學家伊曼紐爾·斯威登堡描述他死後生活的經歷：

⋯因為天堂在我們內心中，而內心有天堂的人們就進入天堂。我們內心的天堂是我們承認上帝的存在並受上帝指引的確認。[2]

---

[2] 《天堂與地獄》伊曼紐·斯威登堡 Emanuel Swedenborg 著

第三章　過世後的生活和現世的生活有怎樣的聯繫

霍拉西奧，天地比你們的哲學中所夢想的要多。

—— 莎士比亞

　　當我 19 歲的時候，我的家人，經過多年的顛沛流離，定居在洛杉磯了，那個家宅雖然簡樸但很溫馨。到那時為止，我的內在世界的很多經歷都是關於精神發展的。而後我有了一次經歷，這改變了我對天上的生活與地上的生活之間的關聯的觀點。在去彼岸的有一次旅途中，天使們沒帶我去聖殿即訓練中心，而是去了一所美麗的家宅，它坐落在一個風景優美的海邊。那所房子看起來很堅固，似乎是用石頭做的。現代化的設計中帶點地中海的印象。雖然當時我已經學到過，人們在彼岸確實有家，但我還是想知道為什麼專門把我帶到那個家宅，住在那兒的又是誰。

　　天使把我領了進去。房間寬敞明亮，多面可見海景。雖然並非是一座豪宅，但有著宮殿般的開闊和講究。那兒似乎沒有人，但其中一個房間裡點了蠟燭，所以顯然有人住在這裡。天使把我帶到一個可以俯瞰大海的陽臺上，這裡又是一番美景。我當時想，住在這兒的人，不管是誰，都該是很幸運的。當我適應了周圍的環境時，我有了一絲熟悉感。我們再回到屋裡時，一隻德國牧羊犬過來迎接我。他長相帥氣而友善，似乎認識我。我撫摸著他，感覺我也認識他。接著，我意識到我在哪兒了：原來這兒就是我的家啊！

　　天使們笑了笑，肯定了我的想法。這是我在輪回到地球之前住過的地方！在我的輪回期間，這個房子一直在被維護著。這讓我更加意識到，彼岸的生活是多麼的熟悉，與塵世生活有許多相似之處。我開始把振動調諧到住在這裡的人的頻率，我幾乎都愣住了。用不著我說我在想什麼；天使們知道我的想法，並肯定地點了點頭。住在我家裡的那個人是我的靈魂伴侶！我雖沒有看到他，但我的心充滿了喜悅，因為我是如此接近我的深愛。很快的，我發現自己又回到了我的肉體，在洛杉磯的家中。這段經歷在我的心中停留了很長一段時間。這讓我意識到我們得到的支持有多麼大。

在這一章中，我們將探討在塵世中，精神諸世界怎麼會是你們生活的一個組成部分。地球的塵世生活和精神生活同屬一個生活。你們不能把這兩者分開。你們在這裡所作所為影響你們在彼岸的生活，你們在彼岸的生活也影響你們在這裡的生活。這麼做的目的或者理解精神諸世界的運作情況，不是為了否定你們在肉體中的經歷，而是為了讓你們更好地珍惜在地球上的寶貴時間。

塵世的生活是一種精神上的必需品。作為一個人類的靈魂，你們的成熟僅靠在精神諸世界中的生活是不能達到的。在肉體中的經歷是你們的精神成長的一個關鍵要素。其實，塵世的生活比在任何地方的生活都使你們成長得更快。為什麼呢？因為在塵世的生活中會有阻力。做事情並不容易。要獲得，則必須付出更多的努力，如此以來，你們就會變得更加強健，增加更多的精神之光。

天堂理應被帶到塵世。你們應當做的就是，把內在世界的運行品質，更多地在塵世中表現出來。這就意味著整個社會，在個體和群體中均要發生。內在的管理力量是要反映在地球上的管理力量中的。你們對遙遠的未知的生活瞭解得越多，你們在這裡的生活就安排得越好。它激勵你們以一個更高的標準生活，並鼓勵你們採取更大膽的步驟展現你們的精神發展。你們的塵世生活越是反映你們的內在生活，流經你們的歲月就會越美好。

精神諸世界的大致狀況

為了理解物質世界和精神諸世界的關係，我們就從精神領域開始吧。讓大家在總體上，對難以想像的精神諸世界有一個大致的瞭解。對於這些精神層面的更為詳細的內容，我們將留待後面的章節討論。死後的世界的變化是紛繁複雜的，即使提供的是大致狀況，也還是有一些挑戰。這裡的精神層面很多，各個層面要經歷的都是獨有的，沒有雷同。這就是為什麼內在生活是如此激奮的冒險！

大自然的基本力在彼岸和在這裡是一樣的。天堂和許多通向天堂的諸多精神領域都是由精神領域的太陽和行星組成的，但究其數量級，比物理領域更為宏大。所有的精神領域都有某種原子結構。此外，也有某種精神電磁能。引力也存在於所有的精神行星上，但其表現各有不同，尤其是在較高的領域，物理生活中不可能利用的引力，用奧秘的方式則可達到。

除了我們所認識到的大自然數種力之外，還有一些精神力在起作用。雖然它們在塵世的生活中運作，但我們卻覺察不到。除非某人已經發展出了感知它們的能力。儘管如此，我們依然從它們的影響力中受益。在精神諸世界裡，我們會逐漸地覺察到這些精神力的。我們開始瞭解到，光譜諸色中的聖光都具有非凡的影響力。我們也開始覺察到造化中其它無處不在的精神力量。當你們學會融合這些力量時，你們便能成就令人歎為觀止之事。

　　在精神領域，你們會發現更多樣化的景色和大自然的表現。有些環境很簡單；還有些則比地球上的要壯觀得多。在精神領域中，有遠景、湖泊、樹木、海洋、山脈等等。有不同的動物，不同的氣象，也有季節和晝夜的變化。這些可以美到極致的自然環境，使人深刻地領悟到生活的神秘性。

　　精神諸世界中生活的一個關鍵特徵是與精神管理層的互動。在這裡的塵世生活中，和我們齊心合力的也有天使、大天使和其他的精神存有。但在精神諸世界和物理的塵世之間，有一層在精神的世界裡並不存在的面紗。所以，除了少數已經發展出了精神的感官能力的人以外，我們都無法感知聖者們。可他們的慈愛和威嚴帶來了一種巨大的信任感和穩定感。有他們為伴，令人非常放心。即使生活中有很多的東西我們還不懂，我們知道有更偉大的手握著我們。

　　如果不在肉體內，你們在什麼載體內呢？在一個適合你們所在領域的載體內。例如，如果你們在星光世界，你們就住在星光體內。如果你們在乙太世界，你們就住在乙太體內，如此等等。但無論在哪個領域，這些精神的載體的品質和特徵都與你們肉體的相似。否則，你們會感到與所居於的非肉體的形式脫節。精神領域的載體看起來和你們很像，其外貌也是從一個輪回到另一個輪回都有變化的。當你們過渡到彼岸時，你們的外貌往往會重新回到一個更年輕、更青春的狀態，但情況並非都是這樣。

　　精神載體不會像肉體那樣死亡。事實上，我們在彼岸並沒有死。例如，星光體——當我們離世後到彼岸居住的形式——可能會嚴重受傷，但不會到致死的地步。就這樣，星光體是不可摧毀的。如果星光體受傷了，上帝可以使其康復。如果它的傷勢很嚴重，此人便進入休眠或者是冬眠，直到聖者們喚醒他們。因為我們擁有更強壯，更容易恢復的形式，這就意味著我們在精神諸世界中更敢於冒險。這也並非說塵世生活中有的無盡的苦難，到了精神諸世界就不存在了。彼岸也有痛苦，但表現的方式不同。

　　彼岸有暴力行為嗎？有的，是在欠發達的領域裡。但並不及塵世生活中存在的，那般殘忍程度和等級。在較高的領域裡，並沒有我們所認為的暴力行為。倒是有激蕩和挑戰，但沒有為獲利而傷害他人的行徑。這種非暴力行為也延伸到了動物的國度。在精神諸世界裡，動物以其它的方式來獲得營養，所以它們之間也沒有互相廝殺。在彼岸，我們不食動物肉；大家基本上都是素食主義者。營養攝入另有途徑。

　　精神諸世界裡，是沒有生育的。因為在彼岸沒有死亡，所以就沒有出生。雖然有嬰兒和孩子，但那是他們在夭折時的形態。孩子們在離別塵世後，他們的兒童載體和童稚的意識狀態都保留下來了。他們在彼岸繼續"成長"。這裡也沒有我們所認為的婚姻或家庭。然而，也有一些家庭類型的團體來撫養精神世界的孩子。

　　如果沒有生育，那還有性和戀愛嗎？有的，親密關係都在。你們會經歷深刻的和充滿愛的交流，但對於性，卻不像在這裡經歷的如此強調。愛的表達無窮盡是精神諸世界運作的一個原則。特別在較高的一些領域，愛是所有活動力的根源。愛的交流方式比在塵世生活中更美妙、更優雅、更直接。在彼岸，我們最豐富和最深刻的體驗之一就是對愛的體驗。

在精神諸世界裡，所有人類都有共同的天賦和能力，比如心靈感應。心靈感應最簡單的形式，是從他人那裡撿拾思想，以及把思想傳遞給他人的意識能力。這種情況在這兒有，但我們經常並沒有覺察。也許你們在雜貨店，你們的配偶正想叫你們買番茄。雖然購物清單上沒有它，但你們終於買回了番茄，因為你們的無意識撿拾到了這個想法。在精神諸世界裡，這是在高得多的意識層次上完成的。因為心靈感應是自然而然的，所以要向他人保密或隱藏你們的感情會更加困難，這有利於更加坦率和誠懇的人際關係。當你們進化到更高的層面時，心靈感應的天賦就會大大加深。天使和其他神靈與你們之間是通過心靈感應來溝通的。由於他們的心智運作頻率極高，以至於這些心智溝通的瞬間就使生活得以改變。

彼岸的活動和生活方式

有一個傳統的形象是，天堂的人們飄浮在雲端，身穿白色長袍，彈奏著豎琴。事實上，在精神領域中活動很豐富。大家可以學習、娛樂、工作和探索。都有宅居，美好的人際關係，從事喜歡的工作和活動。

你們在彼岸的品性和你們在這裡的品性沒有多大的不同。如果你們一直都活在欺騙和謊言之中，當你們過世後，也不會突然成為聖人。這是有連續性的。如果情況大相徑庭，那麼彼岸的生活就難以接續。你們和你們周圍的環境就聯繫不上！與此同時，精神諸世界確實會帶出了在塵世中有時被壓抑的品質和特徵。所以在彼岸的你們和這裡的你們並非全然相同。

在死後，生命的活動可分為三個大的方面。你們一旦過世了，首先就會有一段適應期。你們脫離地球塵世的生活後，在這段時間裡休息。你們的任何疾病以及精神和情感上的痛苦都要得到療愈。你們也要回顧在塵世上的生活，看看你們在哪裡成功了，在哪裡你們可以做得更好。如果你們曾做過壞事，你們就會花時間弄懂你們犯錯誤的原因。解決行為的問題可能需要很長時間。靈魂品質的弱點則需要更長的時間來克服，而且通常需要多次輪回，在來世裡鞏固。如果你們在塵世多有善舉，你們就會享受到這些福澤，經常還會繼續行善。我的父親就是一個例子，他是一位工作出色的希臘東正教牧師。在他死後，我曾有幸在彼岸見到他，他讓我看到，他還在繼續做他的祭司工作，充分地發揮其作用。

第二個方面涉及到你們所參與的，與塵世生命無關的活動。這些部分屬於精神世界的生活。這些活動可能是非常令人興奮的。有些與你們的進化有關，而另一些則是你們所生活的領域內的精神動態部分。第三個方面的活動與緊接的來世有關。這就是你們為再次進入塵世間工作，做事前準備。你們在輪回轉世之前，在各方面就為在塵世的命運，做好了計畫和搭建了途徑，為的是用那個有肉體的生命實現你們在神聖計畫中要達到的目標。

　　那些已經死去的親人怎麼樣？你們可以看到他們了嗎？答案是完全可以！死亡並不能終斷愛的紐帶。如果你們真的愛某些個人，他們也愛你們，你們就會重逢，那些時刻是很歡樂的。另一方面，如果在塵世沒有愛的紐帶，比如說，沒有愛情的婚姻，就不會有如此的重逢。愛的重逢也會延伸到了我們的寵物身上！我們寵愛的動物會在彼岸等著我們，歡迎我們進入精神世界的新生活。

　　雖然和我們所愛的人相見令人喜慶，但我們和他們的關係將會有所不同。例如，在塵世中相互疼愛的父母/子女的關係到了彼岸就不再是了，因為我們不再扮演相同的角色了。此外，我們所愛的人經常參加的活動，與我們和他們在塵世中共同參與的活動並不相干，所以我們也不會再有同樣多的共度時光了。此外，一旦我們成為了精神世界的公民，我們就會重新發現與我們在往世中認識的其他靈魂之間的美好友誼。現在是重新啟動這些關係的大好時機了。

　　彼岸有文明嗎？絕對有，而且比這裡更精彩。那裡沒有國家，但有像省份一樣的區域。還有城市，但沒有如曼哈頓、倫敦或東京那樣擁擠的生活中心。一般來說，生活大都分佈在區域。從一地到另一地的交通有火車和輪船。也有一些汽車和少數飛機，但它們和我們這裡有的不太一樣。有管理機構，其指導者是精神管理層，所以沒有腐敗和自私自利。在政治上，部長中也有人類參與管理，他們在工作中與聖者們親密合作。這些關係和互動表明，當政治關注于民生改善，會是多麼卓有成效並滿足於民眾。

與聖者們的互動影響著人類活動的所有領域。醫生從療愈天使那裡學習更多的治癒知識，藝術家們從音樂、藝術和文學天使那裡學習他們的藝術。法律精英可以在行動上配合偉大的天堂存有，比如因果之主，也是神律的化身，以理解生命的永恆法則是如何運作的。精通科學的天使給數學家和科學家以靈感。甚至還有商業和工業，因為每一項惠及人類的發明都是先在彼岸構思好並創造出來的。人類在每一個領域的努力都受到慈愛的精神管理層級的靈感啟發和引導。

幸運的是，因為沒有死亡，也沒有對土地和動產的追逐，也就沒有戰爭。然而，因為有一些惡靈，所以有一種心靈類型的戰爭，它發生在某些精神維度。這可能和任何類似戰爭的情況一樣具有毀滅性，但也是生活經歷的一部分。在精神諸世界裡有痛苦和磨難嗎？有的，我們仍然具有同樣的人類脆弱性。憤怒、瘋狂、恐懼、焦慮、嫉妒、怨恨、抑鬱、心智和情緒上的障礙，偏執確實都存在於彼岸。

文化和習俗也在繼續。如果你們喜歡在塵世曾專心致志的文化，你們可以繼續這種體驗。與此同時，彼岸也有一些獨有的風俗。你們也可以保持你們的宗教信仰。另一方面，你們會受教育，瞭解所有宗教的原始意義和意圖都是美好的，以及他們如何從同樣的神聖來源中汲取靈感的。

大家都住在社區裡，如上所述，除了那些為照顧天折過來的孩子們而組建的家庭，就沒有其他的家庭了。往往也有人喜歡和他人搭夥生活，但許多人都是各自為家的。生活的節奏各不相同，也有跌宕起伏出現，但總的來說，生活的流動是漸進式的，與塵世的生活緊張壓力大是不可相提並論的。人們相處更為周到體諒，善良慈悲。

在許多我們這裡還沒有的發明中，有一種是全息電視，但沒有你們在塵世上看到的節目量多，因為人們還有許多其它活動，人們從事藝術活動，如去或參加戲劇和音樂會。在更開明的領域，音樂會是特別令人興奮的，因為你們可以看到由音樂創造的能量思維模式，待親眼目睹便知其何等壯觀！

我們在另一邊也有工作！但並非這裡的朝九晚五式的工作，眾所期望的都是服務於更大的良善。在此之上，不乏通力協作，勤奮努力的出類拔萃者。懶散放縱的人有之，敬業用功的靈魂亦有之。當你們進步到天堂世界時，每個人都勤于創造。人們對自己所做的事情非常有積極性，被分派的都是對民眾大有裨益的，激勵人的工作。同時，也有休閒和娛樂的時間，有歡聲和笑語。你們可以參加運動項目，但是更隨意些；沒有像我們這裡這樣的專業競技運動。

瞭解到這一點可能會令人驚訝，死後的世界竟也有某種貨幣形式。紙幣或者硬幣都不復存在了，有的是一種信用系統。雖然沒有我們所認為的銀行，但有保存和管理這些信貸的金融中心。你們通過工作和勤奮努力來賺取積分，讓你們做更多的事情。繁榮是一種神聖的屬性，所以建立繁榮是一種精神品質。這也是一種天賦，有些人比其他的人更精於此道。在這裡，你們學習了豐度的價值和重要性，將其作為掌握你們所在領域的力量的一種手段。一旦你們到達天堂諸世界，當你們直接利用繁榮的神聖之流時，豐度的表達就會急劇增加。

令人欣慰的是，彼岸不存在極端貧困，因為沒有資源上的不公平。這並不意味著每個人過得都一樣。有些人過著簡樸的生活，因為他們還沒有學會運用繁榮的能力，或者所需的努力還不夠。同樣，也有一些非常勤勞的人，過著更富足的生活。

人們說的是什麼語言呢？在精神諸世界中語言是神聖的。眾所周知，話語中含有精神力量，經其振盪的傳遞會進入生命織構中，產生創造性。在彼岸，你們可以說地球上的任何一種語言，但每個精神領域也有自己的神聖語言。地球上的語言實際上是這些精神語言的某種反映。

最後要說的是，雖然死後的世界並非只關注精神進化，不過大量的活動都與此相關。有一種看法認為，精神層面是進化的地方，大多數人都與來自更高維度的聖者們互動。教育事業跟任何地方的一樣，也有定期的精神訓練，大都在專門建造的訓練中心進行。聆聽天堂存有講課是很令人激動的事。你們知道他們所講的都來自他們的經歷，大家都會被他們的教學，加持，和智慧所折服。

你們在這裡的行為和彼岸的生活會有怎樣的關係

大多數的精神傳統都教導人們，你們在這裡的行為決定了你們在死後的生活。但丁在《神曲》中花了大量的時間詳細描述了（在但丁那個時代）世人發現他們死後所處的生活

皆依他們在世的品性和行為而定。毫無疑問，你們的行為在
塵世和精神諸世界都有效力。例如，如果你們過的是特蕾莎
修女式的聖潔生活，你們不僅是為大眾在謀福祉，你們的善
行到了彼岸還會繼續。如果你們在地球上做了危害他人損傷
自己的惡事，你們就會見到這些行為造成的負面影響。接下
來，靈魂還得經歷一段悔悟期，然後開始一段救贖過程。面
對自己所犯過的錯誤後，有些靈魂肯於接受；有些卻固執己
見。行為鑄成毀滅性後果的靈魂會喪失巨大的能力，墮入冥
界。這些地獄並非是靈魂的久居之處，而是他們需要呆在這
些黑暗的地方以認識到他們惡行。

　　當你們過世後，你們的才能和成就會怎麼樣呢？還是依
舊如此。莫札特或貝多芬可以繼續寫音樂。這種天賦不會憑
空消失。我的哥哥，菲力浦，是一個世界級的歌劇男高音。
他過世後，我看見他在彼岸繼續唱歌和表演。至於財富，你
們的錢和財產都帶不到彼岸。但是，如果你們明智地使用你
們的財富—如果你們慷慨、慈善、施捨，在金錢上積累了善
業，這些會給你們帶來福報。反之，如果你們雖富有但很貪
婪，囤積居奇，到了彼岸，你們會發現自己所處的情況充滿
艱難困苦。

把從精神諸世界中獲得的靈感帶到地球塵世

　　精神諸世界最引發人們好奇心的方面是，地球上無論有
多少成就均先產生於此。在精神諸世界裡，你們花時間為你
們即將到來的輪迴轉世做準備。如果你們中有位是一個天才

藝術家，下一世輪迴中的人生目的就包括要創作藝術精品，那麼他在精神諸世界中時，就要開始發展對藝術的反應力了。當這位輪迴轉世到地球上時，便會充實其才能，使自己和心智感應相合，以使那些精神諸世界中已然形成的創造力順從流入塵世間的生活。在意識上，你們可能對此沒有記憶，但也許會詫異，不僅是就靈感而言，而且是感受上的如此完整和自然。這是因為，你們其實一直在把靈感從一個生命領域帶入另一個生命領域。這不僅把創造力帶到地球，還幫助你們和內在諸世界保持一致，靈感都出自那些地方。

關鍵是要敞開心扉接受靈感。但精力分散時，就難以辦到。為什麼最原始的創意有時會讓年輕人獲得呢？因為年輕人的頭腦往往更為開放和靈活。然而，藝術和科學大師們卻具有終生的創造力。古代劇作家索福克勒斯在 94 歲時還在創作傑作！如果你們能有條不紊地安排你們的生活，靈感也會成長和成熟，一如你們所願。一旦你們變得僵化了，你們的創造潛力就會遭到毀壞，這是最令人可惜的事。當這種情況發生時，你們在精神領域形成的東西將會失去物化的機會。這既是靈魂的損傷也是人類的損失。因此，重要的是要有創造力、思路開闊、靈活和隨時準備學習新事物。

不是所有的事情都是提前設定好的。所有的領域裡的生命都是流動的，在你們輪迴的塵世生活中，有許多獲得新靈感的機會。許多年前，當我在製作我的綜藝節目時，我們得要用一首歌來介紹這個節目。和我合作的音樂人都挺優秀，但我們就是想不出合適的歌曲，有明朗風格，吸引觀眾的東西。我不是做音樂的，但有一天，我靈光乍現，整首歌的旋

律和歌詞，突然間就冒了出來。我一路小跑到樂隊，把我
"聽到的"唱了出來。他們記錄下來，做了編配，它就成了
節目的主題曲！這並不是我的創作。我很清楚這是來自彼岸
的饋贈。

　　最終，你們的精神領域裡學習的課程在塵世間得到充分
的吸收。你們在精神領域逐步建立了力量，但最終的"建立
力量的考查"，即檢驗某門功課是否真的學成結業是要在塵
世中完成的。一旦在塵世中學成，這部分就成為你們的永恆
表達了。

第四章　歷史上對過世後的生命所在的理解

沒有任何宗教高於真理。

——H·P·布拉瓦茨基，根據一句古老的印度諺語打從會思考，有夢想，人類就一直渴望直上雲霄。從遠古開始，眾多的天球，一如月球、恒星、行星和太陽就是人類就一直想要觸摸的天堂。許多古代社會都相信，地上的天空即天堂本身。當我們死後，我們的靈魂飛上天堂，和我們的祖先和聖者們團聚。有些古人甚至認為我們死後就成了一顆星星。還有人相信，我們的靈魂有的也會墮落到地球深處，那裡是很少數人才會去的冥界。如今人類正在探索宇宙，同時對天堂的好奇比以往任何時候都更為強烈。

天堂是幾乎所有精神傳統的背景。在這一章中，我們將來討論天堂這一主題，以及在各種精神傳統的背景下，你們的精神上升。在每個傳統中都有獨特的概念，但在觀點和學說上貫穿的主線卻是共同的。每一個真正的宗教和形而上學的教導，在本質上思考的，都是同一普遍真理的不同方面。儘管文化的表現各有紛呈，組群習俗對這些真理的解讀方式也不盡不同，但所有的精神研究最終汲取的靈感都來自相同的一個源泉。

對天堂的歷史觀點是有些爭議的。首先，許多的奧秘學說一直以來都是秘而不宣的。要獲得諸如此類的智慧，在過去，須得加入專司傳授的道場或神秘學校。這在當時是將學說僅傳與那些準備就緒，能夠理解接受的人而有意為之的做法，以保存學說的完整性。加之史上有過多次鎮壓迫害的時期，更迫使形而上學的教育轉入地下。

另一個理解天堂歷史的挑戰是要把以直接的精神體驗為依據的神秘洞察力與時下流行的一些幼稚的信念分開。文化看待天堂的方式都是與它們看待生命的方式有著普遍聯繫。

如果對物質宇宙沒有相當的理解，那麼怎麼可能對精神宇宙有一個清晰的理解呢？例如，古代阿卡德語單詞“耶提姆”的意思是“超越死亡的，精神形式的，生命力的存在”。然而，耶提姆和肉體之間的區別也有含糊不清的時候，有些教課書中對耶提姆的提法，就似乎等同於肉體。這就是古人如此強調埋葬過程的一個原因之；他們相信一個人被埋葬的方式對他們的來世經歷會有影響。即使在今天，許多宗教實踐中的關於埋葬死者的規則和限制，都可以追溯到這些古老的信念。

然而，古代開悟的靈魂的確是通過他們的內在視覺異象和精神訓練來理解生命和物質宇宙的根本結構。但他們難以公開地談論這些原則，因為他們的理解不可自證。有些人做過嘗試，但通常沒人聽信[3]。如此以來，神秘主義者會在私下教授時，採取一種方式，而在公開表述時，使用另一種方式。對於那些在精神學習的“圈子內”的人，採取的是直接明瞭的授課。然而，在向一般觀眾介紹形而上學的概念時，他們會結合當時的風俗習慣和生活方式來表述他們的學說。這使得古代的精神教科書很難讀懂。歷史學家和哲學家哥舒

---

[3] 古希臘天文學家和數學家阿裡斯塔克斯正確地將太陽作為太陽系的中心，並將行星按照與太陽的正確順序排列。他進一步推測，恒星是太陽，就像我們這裡的太陽一樣。只是更加遙遠一些。他的思想在他的時代並沒有被普遍接受。具有諷刺意味的是，幾個世紀後，哥白尼將日心說歸功於阿裡斯塔克。

姆·舒勒姆在談到小屋的傑作《光明篇》時表達了這一挑
戰：

**幽暗不明的原始思想和情感模式與深刻明晰的神秘主義
禪思，兩者並存，一次又一次把人卡在其間[4]。**

　　在我自己所受到的精神教育中，我經歷了公開的和秘傳
的兩重教學方式。當我 11 歲的時候，我曾很幸運地和一位
赫密斯科學家一起學習。就外界看來，她經營著一家知名戲
劇股份公司，我當時在裡面工作。私下裡，她是一個神秘超
覺天賦者，也是一個第三代赫密斯科學家——這是最古老的
形而上學傳統之一。她從不透露她的精神天賦和才能，除非
她感覺到別人也擁有那些才能。她能透視到我有了神秘的視
力，但我那時還不知道如何使用這種才能。

　　那時，我有過不少精神體驗，桃樂西幫我用正確的視角
來看待這些體驗。她是第一個給我教授形而上學課程的精神
教師。那真是一段啟發靈感的時光，讓我終於明白了我經歷
的是什麼。作為她教學的一部分，她給我看了些出自歐洲的
赫密斯科學手寫本。這些書都有幾百年的歷史了，甚至是以
更古老的手稿為基礎寫的。在這些書中，有許多對精神原則
的解釋，包括對輝光色彩的解釋和附帶的插圖，給人難以置
信的啟發。

　　這些未曾公開的書在風格和內容上都不同於今天公眾見
到的，內容並不完整的歷史上的赫密斯科學書籍。儘管修習

---

[4] 《猶太神秘主義的主要趨勢》哥舒姆•舒勒姆著

公開出版的奧秘教科書也會啟發靈感，但這些未曾公開的手稿旨趣迥異，受眾也不同。它們是為那些接受神秘訓練的人設計的，寫得一目了然毫不含糊，他們旨在傳達的內容，即使是一個 11 歲的孩子也能理解其中的大部分。

關於天堂的古老諸傳統

現存最古老的天堂歷史記錄可以在美索不達米亞的楔形文字泥板中找到。蘇美爾人有一部國王埃塔納的史詩，"曾有一個牧羊人升到天堂，他統治了許多土地（邦國）。"但關於這個故事的結局，留下的只有隻言片語，埃塔納騎在一隻雄鷹的背上，看著下面的地球從視野中漸漸消失，他向天堂存有安努所居的天堂飛去。在天堂，他周遊了的各地，四處尋訪"生養的星球"，為的是祈求綿延子嗣。

在蘇美爾人的淨化咒語中，我們發現了內在的七層天的主題，即祈請天堂的力量來治癒我們：

七層天，七層地，七層蒼穹……

天驅魔，地除怪。

顯然，在 5000 多年前把文字刻寫在這些泥板上之時，天堂的概念已經確立了。

天體神學

古代對天堂的理解，尤其是七層天堂，與天文學和占星術有關。神秘主義者將這些科學視為精神奧秘的萬能鑰匙。太陽、恒星和行星絕非是了無生趣的太空移動物體。它們都是充滿活力的臨在，是人類與天堂本身之間關係的映照。從形而上學的角度來看，有序和諧的宇宙揭示了人類生活在地球上的根本原因，即向天堂上升。精神實踐是精神成長的偉大旅程的一部分。曼利·p·霍爾把古代關於天文學和占星術的觀點表述為"天體神學"，這是個很恰當的措詞。

在哥白尼時代之前，古人構想了一套宇宙天體系統，（多種版本說法略有不同）但隨意性很強。它結合了當時的神學和科學的看法。今天，我們稱這個系統為宇宙的"地心說"。當然我們現在知道這個模式並非符合宇宙的真正運作。在當時，這種對有序和諧的宇宙的描述是廣為接受的。神秘主義者以此作為象徵，表現人類個人從以地球為中心的意識，到上帝的神性意識的上升過程。

神秘主義在對地心模式的解釋是，地球處於核心。這代表了人類在得到精神啟迪之前的物質意識。環繞地球的是月亮、太陽和肉眼可見的五顆行星。這七個天體代表了七層天堂。它們反映了靈魂上升到精神覺悟的頂峰的精神過程。在七層天堂之上，還有三個領域。首先是"恒星"的領域。在此之上是宗動天，即為所有天體提供能源的原始動力領域。在這上面，最高和最大的是蒼天。這裡是上帝和天使們所住的地方——創造的起源地。神秘主義認為，這上三個領域代表了人類的上升，最終回到目的地，我們的神聖起源。

古埃及的傳統

在埃及的輝煌時期，有一些舉世聞名的最偉大的形而上學訓練中心。有本出自 1908 年的《秘傳哲理》教課書中講，埃及曾經是赫密斯傳統的中心，世界各地的神秘主義者都從埃及神秘學派中汲取精神甘露。

　　埃及人稱天堂為"蘆葦之境"。這種信仰將死後的生活呈現為一種理想的塵世生活，在那裡沒有痛苦，在死亡時喪失的東西都會失而復得。也許我們現存最好的，當時論述靈魂如何在死後到達天堂的來源，是記在古代紙莎草紙卷軸上的《埃及亡靈書》，亦被稱為《白晝通行書》。

　　為了到達蘆葦之境，亡靈首先要穿過冥界，埃及人稱之為圖特。必須通過數次考驗和審判，這裡面的洞穴和通道都有怪物和黑暗之神來保護。需要持特殊的咒語和施法來成功地克服途中遇到的障礙。如果走過了這些黑暗的區間後，就要面對真理正義女神瑪特了。在這裡，亡靈要經受"42道無過錯告解"的考核，宣稱確無罪行，以證明自己曾經的一世生活是純潔而正直的。

　　如果亡靈對這些問題的回答能令其滿意，亡靈接下來就會去見阿努比斯神，把自己的心擱在正義的天平上用一根羽毛做配重"稱量"。如果亡靈的心比羽毛重，就不能進入天堂。如果是一個純潔的靈魂，那麼這顆心就"輕如羽毛"，就可以覲見埃及宗教中最重要的神之一，冥界之神奧西裡斯了。他將准予亡靈最後的權利，許可其進入蘆葦之境，生活在歡樂之中，見證聖者們的永存。在這個關於死後生活的故事中，我們發現了一個關於埃及神秘學校的入門儀式的含蓄的寓言。"白晝通行"是入門者重生進入精神境界的生活的啟示。

古希臘神秘學校的傳統

當時起支配作用的是宗教。他們信奉的是宇宙的精神力量，但也想通過理性和智力的力量來理解物理宇宙。這種想法催生了希臘作為西方文明的搖籃的輝煌時期。

希臘文的天堂常被翻譯成烏拉諾斯(Ouranos)，是按神話中的天堂存有烏拉諾斯(Uranus)起的名字。烏拉諾斯被認為是"天空之父-天堂的人格化"。然而，人類死後渴望去的天堂在當時則是被稱為極樂世界(Elysium)或樂土(Elysian Field)。這是一片田園詩般的福地。荷馬把它描述為一個既不用工作也沒有紛爭的完美之地。赫西奧德寫道，那兒生長的甜美果實滋養著幸福快樂的人們。那兒有音樂，甚至也有體育運動。在這個完美快樂的境界的中央是這片樂土中最神聖的部分：賜福之島。這幅極樂世界的意象很久以來一直激發著人類的靈感。巴黎著名的大道香榭麗舍大道(Champs-Élysées)就是以樂土的名字發音命名的。德國詩人兼戲劇家賴特·弗裡德里希·希勒在他的詩《歡樂頌》中描述了樂土中眾生的團結與契合以及生活的歡欣。貝多芬在他的第九交響曲中將其編入音樂，創造了歷史上最具標誌性和辨識度的旋律之一，使這首詩傳之不朽。

樂土是希臘人在更為廣泛的概念上的，被稱其為哈迪斯（"看不見的"）的死後生活的一部分。在最早的描述中，哈迪斯是一個暫留的、朦朧的、陰鬱的地方。離世的靈魂無論其在世時的行為如何，均是自己生前的陰影，一律去到哈迪斯居住。隨著時光的流轉，哈迪斯的概念也演變成有多個不同的區間了，離世的靈魂是根據他們在世的行為入位的。如果他們做了惡，他們就會進入塔爾塔羅斯暗坑，即希臘版本的地獄。如果他們不是壞人，但過得平平無奇，並未出類拔萃之處，他們可能會去到一個叫做長春花草甸的地方（"不曾遺忘的墓外遙地"）。如果他們在世時過著虔誠的日子，並被生者念念不忘，他們就可以享受極樂世界的果實。

最初，極樂世界專屬於半神和英雄。然而，隨著死後生活的概念發展起來，任何人他們靠自己的努力奮鬥，都可以進入。如果一個人活著時奉行諸善，虔誠地生活，他們在死後便可長生不老，得以生活在永生的極樂世界。這種信念還有另一種稍有變異說法，即如果一個靈魂能夠通過反復輪回轉世到地球，便可到極樂世界，它可以前往賜福之島，永久地生活在幸福之中。古希臘神秘學的俄耳甫斯（Orphic）和依洛西斯(Eleusinian)傳統非常強調將靈魂從物質生活的限制中解放出來。通過淨化和精神化的過程，靈魂可以獲得覺悟，靠自己的努力奮鬥進入永生之地。

關於天堂的亞伯拉罕諸傳統

非同尋常的是，世界上三個偉大的宗教——猶太教、伊斯蘭教和基督教——以及與其對應的形而上學，擁有同一個精神之父：亞伯拉罕。我們關於天堂和死後的生活的許多概念都可以追溯到這三種精神傳統。

猶太教傳統

在猶太教的傳統中，死後的世界被稱奧蘭哈巴（OLamHa-ba）
（"此後的世界"）。這也可以被解釋為"此後的時代"，
意思是跟隨彌賽亞而來，世界的復活時間。無論人們如何解
讀奧蘭哈巴，現代猶太教關注的是當下的精神生活，而淡化
了天堂和死後生活的作用。因為在猶太傳統中關於死後生活
沒有標準的信仰，所以關於死後會發生什麼，被認可的說法
不在少數。然而，如果你們看看猶太教 4000 年歷史的古老
根源，尤其是猶太教的神秘傳統，這裡就有豐富的天堂和死
後生活的遺產。希伯來聖經的開篇首句就是天堂："起初，
神創造天地。"這奠定了天堂是猶太信仰的基本信條。

　　在早期的希伯來宇宙學中，宇宙被分為三個部分：廈馬
益母 Shamayim（"天堂"）、埃裡茨 Eretz（"地球"）和
示阿耳 Sheol（"陰間"）。廈馬益母 Shamayim 又分為兩
部分：sham，意思是"天空"，mayim，意思是"水"。這
就反映了一種古老的信念，即天地是依水而分的。因此，聖
經中有講：

　　上帝說，"諸水之間要有空明，使水分上下。"如此，
神就造出了天空，把天空以上的水和天空以下的水分開了[5]。

　　神和天使住在天堂（Shamayim），活著的人住在地球
（Eretz），死人住在陰間（Sheol）。在這個概念中，人類
死時並沒有上天堂。他們去了陰間。最初，這裡被認為是一
個靜寂的地方。不壞不惡，無是無非。這種對彼岸的理解與
祖先對與親人同在的篤信以及與死去的親人溝通的能力是相

---

[5]創世紀 1:6-7

關聯的。其觀念是，在陰間的人是在等待救世主的時代到來，那時他們就會復活。

隨著時間的推移，陰間 Sheol 的概念發生了變化。它也被劃分為多個區域。一個是死後的義人居留的住所，另一個是惡人所在的火焰地。在七十士譯本（後來被翻譯成希臘文的希伯來文聖經），陰間吸納了希臘陰間 Hades 的顯著特徵。其它的猶太作品中也都有提及，陰間 Sheol 顯然是一個更接近現代的地獄 Hell 的概念的地方。

編織成這幅聖經織毯，暗示著對天堂的理解更為複雜。大洪水前曾有個名為以諾的族長，他 "與神同行，神將他取走，他就不在世了"。[6] 這被解釋為以諾克並沒有死，而是被直接帶到了天堂。然後是雅各夢到梯子，雅格是個族長，他在那裡 "夢見一個梯子立在地上，梯子的頭頂著天，有神的天使在梯子上向上行。[7] 有推論認為，在聖經中有些段落中提及人們在死後的生活中可以選擇去哪兒，比如，"我若升到天上，你在那裡；我若在陰間下榻，看哪，你也在那裡。" [8] 所羅門王甚至還表達了天堂中的天堂的概念："神果真住在地上嗎？看哪，天和天上的天尚且不足你居住的，何況我所建的這殿呢？"[9]

猶太神秘主義和墨卡巴的傳統

---

[6] 創世紀 5：24

[7] 創世紀 28：10-17

[8] 詩篇 139.8

[9] 國王 8:28

今天的我們都知道，猶太神秘主義就是卡巴拉傳統Kabbalah，但卡巴拉傳統卻是出自一個更為悠久的形而上學傳統。這些早期的猶太傳統後來被稱為《天車之書》（Ma'aseh Merkabah or Works of Chariot）和《創世之書》（Ma'aseh Bereshit or Works of Creation）。這都屬於嚮往天堂上升的天車神秘主義，即墨卡巴 Merkabah 傳統。當代對卡巴拉傳統的學術研究的復興，被認為要歸功於哥舒姆・舒勒姆 Gershom Scholem。他認為在第二聖殿時期(西元前516年至西元70年)和進入西元的幾個世紀裡，這種玄妙的神秘主義的沉思狀態，超脫自我的出神入定，催生了猶太教徒和基督教徒的末日著作大量湧現。這些著作探討了一個關於七層天的，強有力的視覺異象，而且是由被帶到這些天堂領域的神秘主義者親述的。這些描述往往在結束時都談到即將到來的彌賽亞時代。這種語言通常有強烈的喜悅之情，又具有象徵意義。這些作品中有許多都是為那些正在接受神秘訓練的人準備的某種教科書。例如，《大宮廷密續》(Hekhalot Rabbati)，其開場白如下：

他常觀想卡巴拉，入靜後便來去自如，當時他吟誦的是什麼（祈禱詞，咒語）呢？

古代猶太傳說中有摩西穿過七層天的數次上升天堂的經歷。它們發生在他生命中的不同時間：在他經歷燃燒的荊棘叢期間；在西奈山接受猶太律法時；以及在他過世前不久。在他經歷這些天堂的過程中，他的身體會逐漸變形，以適應他所到的天堂。他造訪了天堂的多個聖殿，被示以異象，並被授予智慧，同時見證了上帝的榮耀。這些引人注目的故

事，沒有一個能直接在聖經中找到，這似乎是墨卡巴神秘升
天體驗的原理，在西元後早期傳入猶太教堂的一種方式。

卡巴拉傳統和生命之樹

猶太神秘主義的另一個經久不衰的主題與上升有關，它就是
生命之樹的象徵——這是在諸多古文化中普遍發現的主題。
然而，在卡巴拉的傳統中，對生命之樹 the Tree of Life，
即生命之木 the Tree of the Sephiroth 的表達最具說服力。
在卡巴拉宇宙學中，有四個偉大的世界誕生於無或無限 the
Ein Soph——無窮無盡的。這些世界被稱為：

1. Atziluth——**原形的世界**（the world of
archetypes）

2. Ber'iah——**創造的世界**（the world of
creation）

3. Yetzirah——**形成的世界**（the world of
formation）

4. Assiah——**物質的世界**（the physical world）

從這些偉大的世界中的每一個都散發出十個自成一體的
輻射光球或創造性的重要原則（10 個圓/原質 Sephirah），
每一個又有自己的生命之樹系統。這個由圓/原質構成的生
命之樹代表著宇宙是如何構建的，同時，也代表我們每個人
在精神上和肉體上是如何構建的。它代表了聖潔的生活方式
和回到神聖之源的途徑，我們想要去到的伊甸園就在那裡。

基督教傳統

我們對天堂的許多概念都受到基督教傳統的強烈影響：敬拜神，好好過日子，幫助他人，你們就會上天堂。此生是為修來世。基督教對天堂的理解植根於猶太教，也受到古希臘人的影響，但關於天堂的新啟示則是耶穌給人類的。他教導說，如果過一種.莊敬虔誠的生活，我們便可進入一個榮耀的精神國度。從他的教導"天國就在不遠處"到主禱文（"我們在天上的父……"）到他自己的升天，他展示了一個全人類都能進入的更美好的世界。我們同在的物質領域和精神領域，之間卻隔有一層帷幕，是他，將其揭開一道縫隙來。他以一種在公共生活中從未做過的方式，讓天堂變得真實不虛，成為鮮活的精神體驗。這在許多人的生活都極其困難的時候，是個十分鼓舞人心的資訊。

關於天堂的教導，使徒們和聖保羅做了進一步的闡述，聖保羅在這段著名的段落中說：

我認識一個信基督的人，十四年前他被帶到第三層天上去…被帶到樂園裡,所聞之事妙不可言，但不可說。[10]

許多學者認為保羅所談論是他在天堂的親歷。天堂的概念和及其對天堂諸領域的非常有說服力、引人共鳴的並激動人心的陳詞，被收入了真經篇目，在《啟示錄》中得到了確立：

我立刻被聖靈感動，見有一個寶座安置在天上，又有一位坐在寶座上。那坐著的，好像碧玉和紅寶石。又有虹圍著寶座，好像綠寶石。寶座的周圍，又有二十四個座位，其上

---

[10] 哥林多後書 12:1-4

坐著二十四位長老，身穿白衣，頭上戴著金冠冕……又有七
盞火燈在寶座前點著，這七盞燈就是神的七靈。[11]

　　基督教運動歷經 400 多年的發展，才成為公認的宗教。
天堂的概念亦是如此。早期的教會神父在努力回答基本的問
題：天堂是什麼樣子？我們在天堂裡有一個身體嗎？我們會
見到親人了嗎？我們會見到上帝嗎？希臘主教愛任紐
Irenaeus 將天堂視為一種榮耀的塵世——一種對塵世間生活中
經歷的困難和迫害的補償。聖奧古斯丁 Augustine 最初將天
堂解釋為一種苦行生活，但後來開始融入如與所愛的人團聚
等觀念。

　　在接下來的幾個世紀裡，基督徒對天堂的定義的變化往
往與社會的變化不謀而合。在中世紀的歐洲，藝術賦予了天
堂和精神生活其意象和視覺異象。隨著中世紀的進步，城市
和城市生活得到了發展。這催生的不僅一個天堂的樂園形象，
而且是一個以上帝為中心的天界城市，它充滿了從神聖的源
頭散發出來的聖光。這成為了天堂生活的一個中心特徵。聖
托馬斯・阿奎那進一步繼承了聖保羅關於"精神體"的教導，
補充提到它是一個有光體，他說："這神聖的天體將比太陽
亮七倍。"中世紀對天堂宇宙學的表達在但丁的傑作神曲中
可謂登峰造極。它以優美的敘事詩帶來對天堂的理解。

　　瑞典神學家伊曼紐爾・斯威登堡在他的著作中有一個論
述，對天堂的理解產生了重大的影響。在他關於死後生活的

[9] 啟示錄 4:5

開創性著作《天堂與地獄》中，基於他親眼看到的景象和親身的經歷，斯威登堡詳細描繪了天堂生活的畫面。其豐富而生動的意象吸引了讀者，並影響到許多人。他說，天堂的靈魂是充滿活力的，有各種追求。他們相互關愛，並繼續他們的精神發展。他教導我們，當我們過世後，我們的品性不會產生突然的改變；我們的人格與在世時差別不大。靈魂的內在本性不再藏匿，所以品性上的缺陷和長處更容易被認清。他強調，天堂裡有不同的社群，人們都生活在各個社區裡。

　　他指出，在精神世界裡，一個人不會立即得到賜福或詛咒。相反，其靈魂接受教育，學習遵循天堂原則行事的節奏很緩慢。他們在不斷完善自己的過程中，逐步提升到更高的精神存有狀態。天堂與塵世間是有相關性的。他是這樣寫的，“雖然在天堂沒有看到世間的太陽，但那裡仍然有個太陽，有光有熱，世上所有的東西在那兒都有。”這是對彼岸的一個驚人的形而上學的解釋。斯威登堡的視覺看到的景象說明建立了現代基督教的天堂概念，並一直延續到今天。

伊斯蘭傳統

在伊斯蘭教中，天堂的這個詞是 Jannah （中文譯注：堅奈），翻譯過來就是“樂園”。它也被稱為正義的花園，生前行善一世者死後得以在此享受喜悅和快樂。伊斯蘭天堂的主題與猶太教和基督教的傳統有相似之處，但也有自己獨有的特點。

　　伊斯蘭信仰的核心是真主，即穆斯林對上帝的稱呼。天堂的終極目標是站在真主的面前。伊斯蘭教的信仰並非認為貧窮是神聖的，或者財富是對精神抱負的詛咒。因此，伊斯

蘭教對天堂體驗描述的是天堂的豐厚和奢華。那是一個所有
願望都得以實現的地方。有許多快樂，為人熟知的有，思春
的美貌處女和動情的青春少年。人們無憂無慮，遠離傷害或
侮辱。大家都擁有青春，同享恩澤。那裡有用金磚、銀磚砌
成的宮殿，和鑲滿珍珠的寶座。人們身著長袍、佩戴鐲飾，
遍體灑滿香水，出席各種豪華的盛宴，他們側臥在由黃金和
寶石製作的軟床上，享用著用昂貴的器皿送來的珍肴伺服。
正如《古蘭經》所述：

　　敬畏的人們所蒙應許的樂園，其情狀是這樣的：其中有
水河，水質不腐；有乳河，乳香味鮮；有酒河，飲者稱快；
有蜜河，蜜甜純美；他們在樂園中，有各種水果，可以享
受；還有從他們的主發出的恩赦.[12]

　　七層天的主題在伊斯蘭教的傳統中得到延續。在對七層
天的描述中，每一層都由不同的材料組成，並有伊斯蘭先知
居住。好人做的善事越多，他在天堂 Jannah 的層次就越
高。第七層也是最高的天堂被描繪成是由一種難以理解的聖
光組成的。生命之樹就居住在那裡，是人類所能達到的最高
精神狀態。

　　也許最著名的關於在塵世間去到天堂的記敘就是穆罕默
德的夜行。雖然它在《古蘭經》中只是被隱晦地提到，但在
後來的聖訓文學中有所闡述。在故事中，大天使哲布勒伊來
（加百利）拜訪了穆罕默德，並帶其先前往耶路撒冷。他做

---

[12] 古蘭經 47：15

了禱告，通過了考驗。然後他就被接登霄，遍遊七層天，在那裡他遇見了眾先知，其中有亞伯拉罕，摩西，施洗者約翰和耶穌。他到達了最高的天堂，遊歷了許多奇觀。最終，他來到了真主的寶座處。就在此地，真主告訴穆罕默德，穆斯林應該如何祈禱（譯注：禮拜）。最初的命令是一日禮五十次拜，但最終被協商為一日五次禮拜。從此以後這就成為穆斯林的祈禱實踐。

穆罕默德的夜遊之旅的敘述與猶太的神秘文學和升天故事有相似之處，並與耶穌升天的記載相呼應。無論是照字面上還是從詮釋上看，它都暗示了神秘主義者與天堂諸世界的深刻聯繫。旅行發生在夜晚的想法反映了另一個精神上的奧秘，即所有人類在睡眠中都與精神世界有聯繫。

關於天堂的東方精神學的諸傳統

雖然在東方的精神實踐中有很強的天堂概念，但對其解釋的方式與西方的有明顯區別。有一個清晰的理解是，天堂並非最終的目標。天堂，正如地球一樣，雖然美好，但也被視之為一種暫時的狀態。這是因為在東方的神秘傳統中，所強調的是返回造化背後的終極實相。它被描述為一種不存在的狀態——意識的終極狀態，最終的極樂。在這些哲學中觀點中，我們多次以不同的肉體形式轉世，最終擺脫生死輪迴的迴圈，返璞歸真。

在印度教的信仰中，這種最終的存在被稱為梵（Brahman）。梵是生命的海洋，而我們則是大洋中的水滴。

通過獲得覺悟即解脫 moksha 的過程，我們可以擺脫生死輪迴的迴圈，回歸最終的極樂狀態。在佛教中，這種終極的實相被叫作涅槃。在中國的精神哲學中偉大的目標是回歸道，也就是生命的自然秩序。

印度教的精神傳統

在印度教信仰中同時存在多種精神流派，從他們對天國的不同解釋中便得以一窺。印度教徒相信輪迴轉世，靈魂在世時完成了他們一生的行為善惡的業力造作，死後過渡到精神領域，接下來再轉世，直到全部完成他們的輪迴轉世過程。

　　在吠陀信仰的早期表達中，天堂存有之王是因陀羅，也就是手持金剛杵者 the god of thunder and lightning。在印度史詩《摩訶婆羅多》中，英雄阿朱納請求因陀羅賜給自己兵器法寶以在戰鬥中保護阿朱納自身和他的兄弟們。他行走到喜馬拉雅山，修煉苦行，上天被感動，派遣一個禦者，駕馭飛車把阿朱納接上天堂。一路上，他們看到了苦行僧、在戰鬥中犧牲的英雄，以及其他善良的人。經過天堂的各個境地後，阿朱納到達了因陀羅的宮殿，因陀羅擁抱並祝福了他。因陀羅贈與阿朱納一個金剛杵 thunderbolt（譯注：此法寶可以投擲，是雷電的具象化），用以在戰鬥中打敗邪惡的敵人。

　　在梵文中，路迦的意思是"存在的位面"，既指意識亦指實際的位置。聖典《往世書》中提到了十四個路迦，就是有七個較高的天堂世界，和七個較低的世界。最高的天堂是梵天-路迦即真諦界。這是主梵天的住地。他在印度教三相

神梵天-毗濕奴-濕婆中是造物主（梵天 Brahma 不要與終極
實相梵 Brahman 混淆）。梵天-路迦住的真諦界是一個美麗
的境地，有充滿異國情調的花園和不斷散發出精神力量的蓮
花。正如《往世書》所說：

在真諦界的行星上，既沒有喪親，也沒有老死。沒有任
何形式的痛苦，因此也沒有憂慮，但對那些在物質世界中遭
受著無法逾越的痛苦，但不知佈施修行的人們提起善念，發
慈悲心的情況是常有發生的。[13]

在印度教崇拜主毗瑟奴的傳統中，至高的天堂被稱為無
憂界，一個沒有煩惱或憂愁的地方。據說其遙超乎天上和塵
世，相傳其位置在：“真諦界之上 2.62 億由旬（2.096 億
英里）[14] 一些最美麗的印度教天堂的插圖是基於無憂界描繪
的。”《薄伽梵往世書》對這個輝煌的國度充滿了崇敬，其
描述甚是豐富多彩：

在精神世界的天空中，有些精神世界的行星被稱為無憂
界，那裡是至尊無上的主和祂的聖潔的供奉者們的居所……
所有的居民在形態上都效仿至尊無上的主。他們對主獻身服
侍，無有感官滿足的欲望……至尊無上的主……一塵不染的
善良舉止，熱情止息或無明不在……有許多繁茂的森林……
到處是鮮花和水果，因為一切都是精神世界的，供個人享用
的…居民們乘坐他們的飛行器飛行…永遠稱頌主的功德。[15]

---

[13] 《薄伽梵往世書》，第 2 章：宇宙的表現

[14] 《薄伽梵往世書》，第 5 章

[15] 《薄伽梵往世書》，第 15 章 13—17

佛教的精神傳統

悉達多王子成為佛陀的故事是世界上最偉大的覺悟教說之
一。故事裡講，悉達多捨棄了他的宮殿的世俗樂趣，尋找真
理和痛苦的根源。他歷經了嚴酷的苦行，但仍未找到解脫
之道。而後，他提出了以"中道"精進，獲得覺悟的思想。
有一天，他在菩提樹下閉目冥思，廓然大悟他苦苦求索而
不得的真諦，往後餘生，他致力為眾生說法，開示解脫之道
佛教與印度教的傳統一樣，其精神體系教說，人類正處於生
死輪迴之中。眾生到彼岸所致的善惡境界是依其在世時的業
力而定的。佛教的目標是要打破生死輪迴，只有斷離痛苦，
了脫生死，最終才能達到涅槃的終極境界。

　　在佛教的宇宙學中，精神領域並非是永遠不變的。它們
是在通往最終目標，涅槃的途中修行的階段。和印度教徒一
樣，佛教徒的宇宙學十分複雜，其生命領域除了地球的塵世
之外，還有其它的世間。在其一界三十世間中，有二十六個
相當於天的不同階段（如同時間極為久遠的傳奇篇章）。這
些精神諸世界既是意識的精神狀態，也是居住的領域。靈魂
根據它所造作的業力，死後"重生"進入其中的一個天。一
旦它在世間的壽命定數到了，它就會回去，等待另一個機會
投胎以期做得更好。打破這個生死輪迴的方法是解脫前塵往
事的痛苦束縛，靜坐持咒，身體力行的佛修來實現。

　　各層天有不同程度的殊勝妙樂，它們歸為三個大的界域，
每個界域內部都有許多細分。這些多層的存在反映了意識的

多層次本質和我們自己的精神構成。從低級的到終極，它們都是：

　　欲界 KAMA-LOKA，是欲望和感覺的世界。在這裡，對感官的依賴常常將我們與依戀和痛苦束縛在一起。欲界分多個道。它們包括墮落、痛苦、愚癡和是非的四個最低層面（譯注：即地獄道、惡鬼道、畜生道、阿修羅道）。在此上方就是人道了，這裡苦與樂相生相伴。這使得塵世生活成為一個學習如何打破生死流轉，迴圈不已的好地方。欲界天道有六層天，其意識雖然高一些，但天的層次較低，所以仍然受到感官和感覺的束縛。行善的眾生，常住天道諸天。耐人尋味是，欲界的所有道，即使是天道，雖其層次比較低，仍受作為天魔的魔王波旬 god Mara 所束縛。

　　色界 RUPA-LOKA，是具有形體的世界或禪定的世界。那些已經到達這些領域的眾生已經了無感官欲望，並進入四禪天 Brahma-Lokas 的思維修境界。這些天界雖無欲望，但仍然受到形體和感知的牽累。眾生無有飲食的需要，而生出喜樂的心。但並非完善，仍有慢疑之惡見。這些天界是通過實現佛陀所教導的四聖諦而獲得的。這些領域是四禪定 jhanas 或心智的吸收的安止狀態。通過專注來修，覺知平等安詳，寧定睛明，是為初禪到四禪。每一個上升的領域比另一個更殊勝。

　　無色界 ARUPA-LODA 是無形體的世界。這是眾生居住的三有生死中境界最高的層次。正如所預料的那樣，這些領域難以言表，須得證悟。在這裡，你們會發現生命具有無邊無垠的本性。在無色界中，有四個定境與所謂的"空定"——

冥想狀態有關，即你們不再與形式聯繫在一起。這個領域裡的四禪定與空間的無限性；意識的無限性；對虛無的意識；以及對知覺/非知覺的意識有關。（譯注：無色界是通過修四種空定所獲得的果報，即空無邊處定、識無邊處定、無所有處定、非想非非想處定。）有教說，這是悉達多在開悟之前已經達到了的最後狀態。

　　要修到如此之高界是很難的，但通過勇猛精進可以實現。正如佛陀所教導的：

　　這世界是黑暗的，在此中能（以觀智）洞察之人很少。就像只有少數的鳥能逃脫羅網，只有少數幾人能去到天界（與涅槃）。[16]（譯注：依照敬法比丘所譯《法句經》版本）

---

[16] 《法句經》(13:174)

第二部分

通過精神諸世界而成長

第五章 開始你們的精神上升——旅行已在途中

在我父的家裡, 有許多住處.

—— 耶穌基督

　　在這部分，我們將探討精神領域，包括概述以及進化與人生際遇的關聯。我們希望能使你們領略到精神道路之美，以及如何更好地與內在世界聯繫，以使你們的生命充滿活力。意識有許多需要體驗的層面。生活很豐富，有大量的東西要學習。每一精神領域的歷險記都是神聖的，但各有不同。

　　我們的精神朝聖從何時何地開始？它始於數十億年之前，當時的意識正處於一種原始且愉悅的狀態。我們大家都有著豐富的進化歷史，是它把我們帶到了現處之境。打從我們邁出升程的第一步，我們經歷的諸多精神領域都各有其美。在這些領域裡，人類的靈魂處於一種被上帝親切地稱之為"小精靈"的意識狀態。小仙子、地精、精靈和其它民間傳說中的形象通常都是對這些生物的虛構描述，但它們都不是虛無的！它們和你們和我一樣都是真的。它們就是處在不發達階段的你我狀態，一樣也是進化過程的重要組成部分。

　　這些小精靈經歷生活，增智進化。當我們還曾是小精靈的時候，我們的形態是乙太的，有可供使用的精神力量，我們很喜歡學習並掌握它的技巧。那時我們經歷的生活是夢幻似的，接近的是生命的元素——水、空氣、土、火。我們具有這些元素的特徵，通過體現這些，我們為高度進化就是此後的高度進化打下了基礎。有時候，小精靈也誤入歧途。他們會招惹是非，受到邪惡的影響，並挑動不健康的行為。好在，當這種情況發生時，聖者們就幫助喚醒這些小精靈，把他們引回到聖光裡。

　　地球各處都有小精靈居住。它們生活在自然環境中，以及在城市環境中隱藏的角落。它們甚至可以生活在地球內部。它們群居，好紮堆。通常都很愛嬉戲，也很喜歡探究。它們很信賴精神管理層，也懂得神給它們的幫助。它們通常很謹慎，不與我們直接接觸，但如果它們感覺到一個慈悲的靈魂，它們就可以讓人看到自己。此時，它們通常會來到人的近處，帶來很多的愛、快樂和歡笑。

就在寫這本書的時候，我們迎來了五個惹人喜愛的造訪者。它們出現在我和迪米特裡的客廳裡，當時我們正在工作。它們本身是很發達的，令人印象深刻。身高大約有三英尺，面龐是藍色的，還有明亮的輝光！有簡單的心智交流，但沒有說任何語言。它們看起來很開心，想讓我們知道它們就住在我們附近的地方。

星光諸世界

當我們完成了我們作為小精靈階段的進化後，我們開始了我們穿越我們的精神發展中最重要的領域之一——星光世界的旅程。星光的 astral 這個詞來自拉丁語 starry，意思是"被星星覆蓋或被星星照亮的"。星光諸世界，或稱星光諸層面，至關重要。我們有肉體輪回的塵世生活就是從這裡開始的，我們在此建立我們的智力，學習更充分地表達我們的自由意志。在星光層面上，我們選擇有意識地走上光的道路。在這裡要做的事情很多，我們在星光諸世界要花的時間很長。

星光世界與我們的塵世生活緊密地交織在一起。它們和物理領域一樣真實不虛，是"實質性的"。大家感知不到星光諸層面的原因是它們在肉體感官的操作範圍之外。星光世界是由星光原子組成的。星光原子振動的頻率比物理原子更快，這就是為什麼我們不能用肉眼看到或用手觸摸到星光領域。

　　我們在這裡擁有的一切在星光世界裡都有，而且更多。它們比地球的地域更為遼闊，人口也更密集。時而有人會說，星光世界是夢境。但並非如此。它們是確有的實地，其性質特點當然不像地球。那裡也有景致、森林、湖泊、海洋、奇花異草和花園，但自然風光在星光世界所呈現的美卻是到了極致。其文明的範圍比地球上發現的更寬泛，有更落後的和更發達的地區。星光世界非常活躍，實踐範圍涵蓋廣泛，從原始到高度先進，以及介乎於兩者之間的一切。就像在地球上一樣，也有人類的激蕩和鬥爭。然而，這裡也有一些高度合作和生產力非凡的領域。星體世界裡的生活管理是井然有序的。

　　科學、技術、藝術、哲學、宗教和精神研究在星光世界裡都是蓬勃發展。那裡有很好的音樂廳、劇院和博物館。就我們考察到的，如果你們有天賦或才能，到了星光界可繼續發展它們。與在所有的精神領域一樣，聖者們在各個不同的星光領域指導進化過程，其成就蔚為壯觀。星光領域中無論是落後還是發達的地區，都在上帝的眷顧之下。身處星光世界中最大的特權之一是，我們可以有意識地與這些偉大的精神存有互動。

　　星光世界是有程度或分層次的。星光的層面共有七個，其中每一個都各有七個子層面，組成 49 個星光物質的層次，這是我們的進化在通過的層次。除了美麗之外，這些星光層面還有很棒的學習和訓練中心。這裡有聖殿、小教堂、大學堂、避難所、大教堂和其它創意活動中心。每個精神中心都致力於精神生活的某些方面。由於在星光諸世界中可獲的知識量很大，它們通常被稱為吸收層面。當我們在地球上的時候，我們採集經驗、知識和智慧。當我們回到星光世界時，我們的靈魂就會反思並吸收了這些經歷。而後到了指定的時間，靈魂再轉世到地球，以獲取更多的經驗。

有一些形而上學的學派稱星光諸世界為欲望諸世界。欲望是星光經歷的一個定義特徵。在星光諸世界的進化中，你們在學習許多東西，其中包括你們的欲望本質的成熟。欲望是驅使生命表達出來的原動力。當你們穿越星光世界上升時，有一部分你們要做的工作就是，把你們對貪圖眼前的自我滿足，轉化為對神聖生命的強烈欲望。

通過星光層面的進化需要時間。進化的過程並非一蹴而就。有意識地行進在精神道路上的美妙之處就在這裡：它使你們穿越星光諸層次上升的速度加快。無論採取何種形式，把時間用在有意識地發展你們的精神本質上，就很不錯。

環境適應——星光第一層

當靈魂作為一個小精靈完成了它的進化時就畢業了。然後進入到七層星光的第一層。這首個星光領域就像一個孵化期，人類靈魂在此適應星光生活。在這個節點上，它還不具備肉體，到地球的時間還沒開始。它甚至沒有裹上星光體。它此刻的工作是熟悉星光環境。

這個領域就像一個貧瘠的星球，但它並沒有荒涼感，風景中充滿了彩色的光線和不同的光聲。靈魂被裹在一個類似星光球的形式裡，但不是我們所認為的身體。在開始通過第一星光層的旅程時，人類的靈魂在本質上是被"播（種）"到星光土地裡的。當靈魂適應了這些振盪，被其同化之時，就進化了，它從星光土地中冒出，在星光空氣中漂浮。它與通過氣氛層輻射的光線混合。在這裡，靈魂們有了互動，得以學習在這個新世界中相處。它們發聲，聽起來像牛的"哞哞"叫。雖然並不悅耳，但這是交流的開始。這些年輕的靈魂通過精神的光流，適應星光世界，並建立了他們的精神力量。

睡夢狀態——星光第二層面

當靈魂通過適應和同化的過程聚集到足夠的精神力量時，它就會移動到第二個星體層。在這裡，我們的靈魂被賦予其星光體，一個神奇的新生活從此打開。我們在星光世界便有了一種表達的載體。我們可以感知我們周圍的環境，並且可以自由地移動和互動。在第二星光層上的生活是原始的、但是快樂的、天真的、田園詩般的。

星光體最初是橢圓形的，然後逐漸獲得人類的形態和特徵。這揭示了星光體的一個定義性的品質——它具有改變外觀的能力。通過我們將經歷的無數次輪回轉世，我們擁有的星光體是同一個，但它的外觀將多次改變。

　　星光體有一個心智，但在星光第二層面，我們應該說這是處在睡夢狀態的精神表達。這種睡夢狀態允許精神意識自由地探索和無約束地表達自己。隨著我們的星光體的發展，我們駕馭心智的能力也在深化。最初，睡夢心智表達其自由的方式是幻想。它需要感知和經驗，於是基於自己的希望和愛好去創造心智的場景。這便給了他們這樣去做的機會，而不致造成嚴重的後果。我們做夢的能力可以追溯到我們進化過程中的這個神奇的時期。

　　我們與星光世界互動的過程中，在磨難和錯誤中學習駕馭睡夢心智。幻想開始隨之而轉變為創造性的表達。我們的這個心智部分也就強健起來。不僅如此，這一層的眾靈魂可以通過恍惚狀態中的心靈感應，把一種集體意識用心智連接起來。這是處在這一層的一種自然經歷，它還會產生出一種活潑和令人興奮的能量。起初，集體的經歷呈放任自流態。隨著靈魂的進化，集體意識變得比較有創意和建設性了。如何為了集體利益而共同工作就是我們所學的重要課程。

　　靈魂有了一個星光體後，就可以與星光世界互動去體驗星光世界了，這使它很快樂。第二星光層在各個方面都像是遊樂場，一個星光托兒所。這裡並沒有真正意義上的危險。不僅我們之間有互動，互動還發生在我們和精神管理層的成員之間，是很簡單的方式，我們對他們的影響都有反應。雖然我們不太清楚這些存有的來歷，但我們知道他們很重要，我們也能感受到它們的力量。通過天使，我們感覺到生活中有更偉大的存在督導勉勵我們向上。

　　星光體是需要營養的，所以我們要攝入食物，但不吃動物類的肉。這裡有種類繁多的植被，我們通過食用美味的果蔬來獲取營養。星光體不像肉體那樣會死亡。它卻會不適，假若它受傷，患病，或者營養攝入不足，它就會像汽車耗盡汽油一樣減速，變得萎靡不振，如果任其下去，就會休眠。在這種情況下，天使需要將其喚醒。

　　這裡的氣候因濕度和溫度不同而多樣化。甚至有類別各異的季節。有雨天，在一些地區，還會下雪。有了夥伴關係和社會群體，但沒有出現文明。愛是大家的體驗，能感受到幸福和悲傷。人們之間有了愛慕之情和一種原始類型的性吸引，但此時的目的並非是生育；而是對親密關係的體驗。除了集體的心智體驗，還有一種原始的交流，但這還不是語言。星光第二層面的靈魂能發聲並學習發出音調——一種帶出感情的哼唱。他們通過這些音調的變化來進行交流。

　　當靈魂在這個層面上進化時，星光形式變得更加輪廓分明。心智仍然處於夢狀，但它已經成熟些了，具備了有創意和成效的心智活動。群體意識從簡單的合作經歷步入更為直接的經歷。到了第三個次層面（記住，每個星光層面內含七個次層面），星光體的人形塑造業已完成。我們也學習些技能，比如怎樣游泳，並開始發明一些簡單的建築技能。當我們在星光第二層面的次層面上接續成長時，我們經歷星光體的蛻變過程。我們的星光體發生了極性的改變，從男性到女性，反之亦然，所以我們獲得了兩性的經驗。

　　我被帶到星光第二層的一個較為發達的次層面，這是對我的精神教育的一部分。那些無法預料的經歷，多得看不完。到處都是遊蕩的動物。我看到了一個簡陋的像是茅草搭建的小屋。我遇到一個女人，她用心智和我交流，其運用能力嫻熟到令我驚訝。她看起來有十幾歲，簡單的衣著，棕色的頭髮。有著美麗的外貌。我向她打招呼，她也回應我。我不知道她是否瞭解我的來歷，但她很熱切，想更多地瞭解我。

意識的覺知——星光第三層面

當靈魂進化到星光第三層面時，戲劇性的變化開始發生。我們的星光體更加強壯、更加柔韌——這是我們靈魂的更好的表現工具。最為重要的是，正是在星光第三層面上，心智出現了一種嶄新的表達——這就是意識的覺知 conscious awareness。在星光第二層面上我們就有了覺知，但它是通過睡夢心智的意識 dream mind consciousness 所獲。（譯注：睡夢心智即心智的第三層面，該層面含有我們無意識的秘密。）現在有了意識的覺知，我們對周圍和彼此有了更多的認知。我們更加清楚我們正在做什麼，顯示出的智力流量更大。從睡夢中醒來的經歷是很清醒。

在屬性上，意識的覺知 conscious awareness 不同於自我-意識的覺知 self—conscious awareness。自我-意識是智力的心智 the intellectual mind。它是一種在心智上走出自我，"回頭看自己"的能力。自我意識使我們得以擁有抽象分析的思維屬性。就在閱讀這些文字時，你們就展示了自我-意識的覺知。這一特徵使我們的意識有別於動物的意識。動物有很好的覺知以及智力，它們還沒有自我意識的覺知，尚有的某種形式十分原始。它們的行為是出於本能。人類也形成了的某種本能特質 instinctual nature，成其為在星光第三層面上的定義性特徵。這與動物的本能相似，但並不一樣。科學將本能定義為"與生俱來的，通常固定的對特定刺激做出反應的行為模式。"我們傾向於認為本能是"不經過心智"without mind 的操作，更像是一種脈衝 impulse——一種預設的 programmed 行為。我們需要這些與生俱來的工具來有效地應對和處理我們周圍的環境。如果沒有本能特質，我們就無法在某一特定的環境中生存。

有了意識和本能的日臻成熟，我們的欲望特質有了更強烈的表達。這迫使我們對想要東西有更強烈的願望。我們以更大的激情和決心來追求我們的欲望。在星光第二層面，愛慕之情和純真的性活動產生了，在星光第三層面，性驅力出現了。隨著我們本能特質的覺醒，便有了競爭的要素。我們之間的互動更為顯著。我們體驗到更偉大的生命動力：勇氣、敵意、恐懼、勝利、不幸、痛苦和快樂。我們對事物很好奇；我們勤於探索，也善於發明創造。結合意識覺知，我們發展基本技能，如解決問題、社會發展、領導技能和原始藝術和科學。還有更多的挑戰，但通過這些挑戰，我們學習到了更大的柔韌性。

在星光第三層面上，我們有了很逼真的夢境。當我們在星光第二層面時，我們處於睡夢的狀態，但入眠後並沒有夢。現在我們的意識有了覺知，我們在睡眠時會深入夢中。在我們的睡夢心智層，我們會把現實生活中的情景搬進來當戲演。我們得知，心智不止一個維度，意識可以在心智活動的層次之間轉換。我們學習到，幻象和現實之間有著根本的區別。天使們除了在清醒的生活中幫助第三層面的靈魂，通常還會在睡眠中接觸他們。天使們幫助我們理解，值得我們嚮往的還有更高尚的生活和更偉大的事物。

植被和動物野生動物的種類比在星光第二個層面上的要多。肉眼可見的太古的地形，一望過去盡是原始的蠻荒。這裡有各種各樣的動植物的生活環境，包括山谷、山脈、沙漠、森林、河流、湖泊和海洋。在星光第三層面上有了某種有聲語言，但還沒有書面語言出現。

儘管尚未達到我們所認為的文明生活水準，但人們在較大的、有組織的群體中生活，具有共同的群體特徵和品性。有了一些群集或部落。文化和習俗也進入了星光第三個層的畫面中。種族類型在星光體上有所反應了。從形而上學的角度來看，種族是精神經歷的一部分。我們當今在塵世生活中，所看到的種族類型反映的是精神諸世界中的種族原型。星光第三層面靈魂的居所相比于星光第二層面靈魂居住的簡單小屋，更具創意和工藝。

在星光第三個層面上也可以找到天使造的建築物。雖然還不及更高層次的星光世界裡的那麼精美，但也很漂亮了。它們通常以木料或石頭構築，大小適度，隱現於周圍的自然之中，充滿了聖光。那兒有做療愈的聖所、小教堂和教育場所。人們被天使和人類靈魂的覺者帶到這些地方，在各種領域裡接受訓練，包括療愈，創意功課，以及學習如何祈禱。

　　發生在星光第三層面上的最為顯著的事件之一就是，由那兒開始的塵世經歷。但這還並非始于星光第四層面的，肉身的輪回轉世。更確切地說，是星光體的涉足範圍被擴展到了地球，使其適應塵世生活的新環境。它被賦予了一種形體，但還不是肉身。這些星光第三層面的靈魂將在世界上的各種地方體驗不同的性別和不同的種族。待時間合適的時候，靈魂就會回到星光世界，進行某種回顧和消化過程。然後，他們將再次“進入形體”回到星光地球，繼續學習體驗。這個過程有助於他們在肉身中輪回轉世做好準備。

　　形而上學認為，在適應了塵世生活的過程之後，接下來情況並非一成不變。很久以前，第三層面的靈魂就開始了他們在地球上的肉身輪回。這就是“穴居人”的時期。在星光第三層面上有了肉體形式的人類居住，諸如尼安德特人之類。當人類通過了這個進化階段後，在第三層的肉身輪回就結束了。現今的年輕靈魂，則是在星光第四層面上開始他們的肉身輪回的。

　　當我們通過了星光第三層面的進化時，我們的本能特質在學習中成熟了，我們可以熟練地應對我們的環境了。在星光第三層面的鼎盛時期，我們的進化有了一個重大的飛躍。我們獲得了賦予我們的珍貴禮物——自我意識。這使我們與更高的、靈感心智和我們的神聖精神的品性相一致。現在我們將展現自由意志，因為我們有了自我意識，得以在對與錯之間做出選擇。這將開啟我們精神旅程的一個新階段——發展智力。然而，這份新的天賦是有代價的。我們對自己的行為要負責了。我們會從我們的正確行為中獲益，也會為我們的錯誤行為付出代價。因此，業力——因果法則將發揮其強大的作用。生活的表現形式也隨著我們的認識進步而逐漸開化。

第六章　精神生活的覺醒——星光第四層面

我們不是有精神體驗的人類。

我們是擁有人類體驗的精神存有。

——皮埃爾·泰亞爾·德·夏爾丹

隨著靈魂進化到星光第四層面，生活開始呈現出非常熟悉的品性。這個領域是我們星光之旅的一個樞軸點。在星光的所有層面上，我們在星光第四層面上花的時間最多。它是最接近物理地球振動的領域。地球上的靈魂所具有的振動水準，大多數都在星光第四層面上，而非在其它的精神領域。這個層面上的方方面面實際上像極了地球的情況。一些過世者跨入星光第四層會發現環境竟然如此熟悉，以至於並不認為自己已經死亡。

有幾個關鍵的事情發生在星光第四層面上。在這裡，我們培養我們的智力，創立社會，並學習建設文明。隨著每一個子層面的出現，文明都變得更加發達。星光第四層面有些比較重要的現象，就是出現了建築和城市，但它們的範圍有限，還不是繁華的大都市。如我們所見，塵世生活中的一切都是先產生於精神領域，因此地球上的文明也吸收了不少來自星光第四層面的靈感。

也許在這個層面上的星光世界的社會和塵世社會之間最大的區別是，星光第四層面是在精神的節奏上運行。在這個階段的居民遠非完美，但星光世界的靈魂學習怎樣與上帝合作，受到的教育更為直接。地球上的文明也在進行這個教育，但僅到一定程度；問題是，人類在回應和反映神聖計畫上做得有多好，或者是做得還不夠好。星光第四層面更為清潔；沒那麼擁擠，也沒有在地球上所經歷的劇烈紛爭。沒有貧窮或饑荒。

大自然的風光十分旖旎。在星光世界裡，人類如同在地球上一樣，對大自然也有很大的影響。但居住在星光世界的人們更敬重大自然。在星光世界裡，農場和花園都是精心打理的，景色優美宜人。這裡有種類相當豐富的植被，提供星光體所需的營養。在星光第四層面上，星光體的動物遍地皆是。由於星光世界的人們是非食肉的，野生的動物也沒那麼害怕。人與動物之間的關係更融洽些。人們把其中一些動物作為寵物飼養。

在星光第四層面，靈魂的行為猶如你我。他們有相同的優點和弱點。他們有愛心、善良，但也會生氣、懷恨和畏懼。他們也有過度行為，但好在其程度與在地球上所經歷的不同。有時，在塵世間中有不良習氣的人，也會把它們帶到星光世界來。譬如，嗜酒成癮的人可能會把這種欲望帶到彼岸，要戒掉也是需要化時間的。那裡沒有戰爭，但是存在暴力行為。有一些療愈中心，破壞性的行為可以有效地在那兒得到糾正。還有星光醫院，醫生們為星光體不適或生病的人查找病因和進行治療。

有火車，有些汽車，甚至還有些飛機，用的都是一種普及的電力。星光諸世界都沒有地球那樣的公共交通運輸，因為人們通常都在當地做事。雖然文明是出自人類之手，但其它的建築和結構顯然都是天使所造。在星光第三層面上，這些建築包括祭拜、祈禱和教育的神聖建築。在星光第四個層面上文化進入大繁榮——地球上的多種文化反映的是精神諸世界的多種文化。種族的不同品性在星光諸世界中都有表現，因為種族不僅僅是肉體的外觀樣子；它還涉及到能量模式和靈魂體驗。

有些人認為彼岸是安息地，沒有工作和辛勞。雖然，這兒有安息的時候，並且還有再生的時候，然而，通常人們都是在辛勤勞作，積極地追求自己的興趣愛好。他們的家園都是隨心所願建造的。星光體的靈魂傾向於和他人生活在一起，但也並不是絕對的。偶爾，曾經相知在地球的人們到了星光世界，也會因愛相聚，共度時光。正如我們所見，談情說愛和性都存在，但其目的並不在於生育。性行為也是分享親密，通常，所耗費的經歷不如在地球上的那麼多，也不那麼令人癡迷。

沒有我們所認為的家庭，但是在地球上夭折的嬰兒和兒童到了星光世界會繼續他們的童年。這些孩子由有愛心的養父母來幫助撫養。這些星光體的父母所做的服務要有上帝的加持，這個經歷會相當美妙。他們中有的人在世時沒能生孩子，現在就獲得了這樣的照顧孩子的機會。

在星光第四層面上有多個管理系統，其生活的每個領域都有人類擔任領導。每個子層面都有自己的領導機構。這些領導者與天使和其他高層次的靈魂攜手合作，指導人類處理星光世界的事務，以及接受特殊的訓練。

星光第四層面的一個最美妙的品質就是精神生活的興旺，一種通過宗教精神首次被喚醒的經歷。多種宗教在星光世界中均得到認真的表達，自然而然地是那兒生活中的一部分了。當靈魂開始表達其智力時，需要與上帝保持一致，才能掌握這些能力。靈魂憑藉宗教精神，學習道德自律和合乎倫理規範的生活。也通過理解上帝的律法是如何運作的來學習明辨是非。如果沒有真確實在的宗教基礎，社會就無法繁榮發展。

靈魂一直都是精神的，但他們學習通過精神生活，來陶冶智力，則是在星光第四層面。有些靈魂一度抵制這種脈衝，但最終都會學到接受宗教精神和由此帶來的許多生活經驗教訓。

在星光世界，宗教實踐採取的是原始的啟發靈感的形式。由於世界上所有偉大的宗教都受到神的啟發，你們可以按照它們的本意來修習，而無需通過地球上設立的規範性阻礙。在星光世界有教堂、寺廟、清真寺和猶太教堂，反映著各種各樣的文化影響。如果你們熱愛你們在地球上信仰的宗教，你們可以在星光世界繼續這種形式的敬拜。系統的禱告和冥想練習就是從這個層面開始的。這兒有一些啟迪人心，與宗教宗派無關的訓練中心，被稱為學習大廳，在那裡人們可以學習精神生活的法則。

與星光世界的所有方面一樣，也有一些獨特之處在星光第四層面上發揮作用。首先，你們可以拾取到其他人們的想法。這是一種在較低的層面上就存在的自然的心靈感應形式，但在此更為明顯了。人們所用的就是一種簡單的心智間的交流。例如，一個星光體的人可以發出這樣的想法：“我想見見你！”另一個人可以拾取到這個想法，並用心智回答。這種聯繫方式在較高層的世界變得非常重要，因為很多交流都是通過這種方式進行的。

開始肉身的輪回轉世

如前所述，靈魂在星光第四層面上，在地球上有了肉身，開始了輪回轉世。這開啟了一個廣闊的新的體驗層面。靈魂開始學習它只能在這裡才學到的東西。你們進入肉體形式去體驗和成長，然後死亡並回到星光世界安息，吸收和整合那些新獲得的經驗。然後你們再輪回轉世到塵世間——希望能夠更成熟——去獲得新的經驗，進一步發展技能和天賦。最好的精神訓練就發生在地球上。

進入塵世間的一開始就令人興奮和具有挑戰性。靈魂現在必須學會如何操控一具肉體，並體驗塵世間的興衰變遷。它還在這種奮鬥中，學習通過自己的努力來掌握生活的要素，同時鍛造自己的精神勇氣，期間的樂趣是它從未體驗過的。這給了靈魂一個絕無僅有的機會，以全新的方式成長。當靈魂戰勝這個世界的重重困難時，它會有一種成就感，還獲得了以往在夢中都未曾有過的，對生活的覺知。

我們進入塵世間的第一步就有了自主權，這是種很美妙的感覺。生活的經歷也就變得更加栩栩然了。有了自我意識的覺知和自由意志，我們經歷的情感和體驗範圍就比以往廣泛得多了。我們的欲望本質有了新的表達。我們想要去做，去探索和去征服。起初，我們在塵世間經歷傾向於自私自利。但通過反復磨難、過失、悲傷和快樂，我們學會了考慮和關心他人，並在我們的精神進化中取得了新的進步。我們也曾鑄成過大錯，給自己和他人製造了不必要的痛苦。

我們的首次肉體死亡經歷既不可怕，也不太悲傷。一旦我們清楚地回到了星光領域，另一種能量就接續上了。人都要走向死亡是個共識。後來，隨著我們成長到了星光第四層面，我們的智力獲得了進一步發展，我們把死亡過程看得更重了，它便成了一件令人恐懼的事情。

造訪星光第四層面

　　我在星光第四層面上有過一次難忘的經歷，那是我生命
的一個重要轉捩點。當時我的形而上學的事業風頭正勁。恰
逢人們渴望精神上的教育，我的課程很快就流行起來了。我
和一個商業夥伴合作，開辦了一個靈修中心。不幸的是，這
個人為的是一己私利，結果是這個項目失敗了。整個經歷讓
我和我開辦的課程都遭受了不好的影響。我感到很沮喪，因
為我花了很多時間來做這項工作。更糟心的是，我的許多學
生有了這麼好的精神學習機會，遞到他們跟前卻沒有堅持下
去，令我很失望。我開始懷疑人們是否已經準備好接受嚴肅
的形而上學工作。我決定停下教學，好好休整一段，反思一
下、做做冥想和寫作。

　　我被一個朋友邀請去住在加州的聖塔巴巴拉。聖塔巴巴
拉的美麗給了我所需的滋養。我寫作、憩息、並親歷目睹精
神領域的美妙奇異。我在一次夜間進入內在的旅行中，有一
位天使領著我周遊了星光第四層面。我們去到的第一站是一
個小鎮。感覺就像是在地球，有街道、房屋，甚至還有電
車，人來人往熙熙攘攘。然後天使領我到市中心的一個大
廳，那裡聚集了很多人。他們像是在談論什麼。天使告訴
我，他們已經準備好了，在等候靈性的覺醒。他們是些善良
快樂的靈魂，但在精神上還沒有覺醒。天使指出，他們亟待
好教師來幫助他們。看到這些真誠的靈魂，我的心被溫暖
了。我想要幫助他們。

　　這段經歷讓我認識到，儘管我遇到了挫折，心裡失望，但我的工作還是很重要的。很多人可以從中受益。我重新感受到自己對幫助他人的強烈願望。儘管這些星光界的存有還沒有輪迴轉世到地球，但他們讓我想起了我所教的學生們。我看到了神將靈魂喚醒，並引導他們從事精神工作是一個多麼複雜的過程。天使幫助我從一個廣闊的視野來看待事物，並讓我看到我怎麼會是大局的一部分，告訴我要盡我最大的努力，要保持腳踏實地。這段經歷重新喚起了了我當教師的積極性。

　　然後天使帶我到一個巨大的中轉庫存區，這是為在地球上要被發現和應用的發明專案而準備的。這是發生在星光第四層面上的最美妙的事情之一。這是一次令人驚異的經歷，讓我感覺自己得以窺見到了文明的內在礦藏——就是將惠及人類的新技術的藍本。天使向我展示，許多這些發明和藝術創作都是在更高階的世界中構思和設計的，但當時候到了，真在地球上物化它們的時候，則必須首先放入這個中轉庫區待發。我看不到具體的東西，但我被告知這個庫區與技術有關。我與其中一位發明家交談，他解釋了他們如何與地球上的人一道工作，給他們靈感並指導他們。那個感覺就像我在創新精神的脈搏中跳動。

　　然後，我被帶到了另一個風景優美的小鎮。當我們在這個美麗的地方四處轉悠時，那個天使告訴我別洩氣。在形而上學方面，還有比現在多得多的工作需要我去做呢。新的事物即將到來，還有其他的，更真誠的靈魂會跟隨而來幫助我一同推進精神工作。我們來到了一個地方，有些靈魂在那兒和天使們一起活動。他們是最近才被喚醒，正在接受賜福。
他們看到了我，認出了我是塵世上的人。他們對形而上學非
常感興趣，並渴望瞭解更高層次的生活。他們開始問我問
題，我們只做了短暫的交談，但很愉快。我再次看到，他們
的學習願望是那麼真誠。

　　然後天使帶我到有人在游泳的海灘。水質清澈，祂讓我
浸入水中，我就下水了。水分外激靈。我感到是在淨化排
毒。輝光中的擔憂和沮喪一併消失殆盡。當我走出水時，天
使又給了我一個靈感。祂告訴我選擇共事的人要更謹慎，因
為過去我在選擇商業夥伴時確實不夠明智。這個教訓很重
要，因為我的工作進入了一個需要他人說明建立機構並完成
精神使命的階段。我非常感謝天使讓我有了這個經歷，獲得
了如此強大的動力。回到我的體內，我感覺到精神煥發，頭
腦清醒了。我更專注，更有動力。我重新開課，開始了教學
和使命工作的新階段。

精神覺醒

　　當我們通過道德自律和合乎倫理規範的生活來培養和陶
冶我們的智力時，我們最終便到達了一個門檻。當我們進化
到星光第四個層面這個更高的領域時，我們學習做好人，建
立一個健康的智力生活。我們曾一度感到滿足，但隨後又產
生了某些缺失感。我們開始意識到，即使是一個健康的、發
達的智力也還不夠。不滿足感就導致了探尋的開始。靈魂開
始更深入地思考生命的意義了。我們已經形成了一個造物主

的概念——最初是原始的——但在如何感知我們自己的存有本質上，慢慢地有了些改進。但當我們在星光第四層面上積累了動力時，靈魂便嚮往要瞭解得更多。

在星光第四層面的上部，我們精神之旅的一扇新的門打開了：我們有了精神覺醒。這種經歷我們已經有過的宗教覺醒不同，但卻是建立在那個基礎上的。有了這種精神或神秘的覺醒，我們隱約地瞥見了我們的天國本質並意識到有一條啟蒙的道路。這種覺醒是一個漫長而漸進的精神發展過程的頂峰。這是一個歡欣鼓舞的時刻，是我們通過長期的痛苦和許多艱辛才掙得的。

當我們覺醒時，我們就到了精神進化中的一個戲劇性的時刻——通向更偉大生活的轉捩點。隨著這種覺醒，我們就要做決定：是跟著走過去，走向通往更高的世界，還是止於我們的意識已到之處。因為這是個轉變的時刻，第四層面有時被稱為區別和決定平面。區別意味著劃清我們所處在的生活與等待我們去往的神聖生活的能力。一旦我們清楚了兩者之間的區別，然後我們就好決定走哪條路。這個決定聽起來簡單，但走往高處的生活意味著做出改變。有些人認識到神聖生活的價值，但真到要堅持走下去，其意志力卻很薄弱。我們的精神進化總是由我們自己來掌握的。上帝給我們靈感和引領我們，但選擇踏上光的道路還要靠我們自己。

最終，每個靈魂都會選擇更高的生命。一旦做出這個決定，我們就準備進化到星光第五層面。靈魂是否真要躍進，取決於他們對聽從精神上的召喚有多誠心，以及他們攀登下一個精神高地時有多投入。從第四個層面到第五個層面的躍進是一個生命階段的終點和一個新階段的開始。有些靈魂已經準備就緒，而另一些靈魂則還徘徊不定。有許多善良的靈魂業已掙得了進入更高領域的權利，但到了真要採取步驟向更偉大的生活進發時卻猶豫不決了。他們可能會安於一隅，或者對探索未知有所抵制，即不情願改變現狀。沒有什麼比已經覺醒，但又無所作為，不思進取更可悲了。

插圖 6.1: 覺醒到更高的生活

　　這幅插圖描繪了一個處在星光第四層面的上部層次的人，他的精神覺醒了。他的靈魂已經準備好要穿過通向神秘生活之門。這種覺醒帶來的是，靈魂進化開始展現一個新篇章。

　　這是個剛過世的人，在他剛過去的那一生中，他是西班牙裔，後成了一名天主教牧師。他生性安靜，多才多藝，有很強的智力。他是個好牧師，完成了許多善行。他曾在視覺異象中看到過天使和其它精神現象。在他的那一生結束時，他已經完成了他的人生目標，但他感覺到還有更多的東西。他當時並不知道他正在為他的精神旅程中的一個全新的階段做好準備。儘管他在世時，沒有到結果實的時候，但他正在著手準備即將展開的事情。

　　在這幅插圖中，他發現自己身處一個典雅的、無教派的精神中心的禮堂裡。內牆是白色的，窗戶高大美觀。室內光線很明亮，有一個講臺，那後面是個聖壇。一個人正端坐在椅子上祈禱和冥想。他毫無察覺的是，在他身後有個身著華麗的金色長袍的大天使不期而至。這位身軀偉岸、氣宇軒昂，卻是滿懷慈悲的天堂存有，金髮碧眼，俊朗高雅。大天使用一束紫色光的射線為此人賜福，攪動了此人的靈魂。雖然他並看不見光，卻感到了提升。這是他的精神在此刻覺醒了。此人並沒有完全認識到所發生的事，但他對生活有了新的認識，因而他感到了驚訝和欣喜。這是他的形而上學之旅的開始。他周圍有一股能量：粉紅色的光環繞著他的頭部，表達著他那一刻的興奮。新的大門敞開了，他從此將開始學習形而上學矢志不渝。在他來到地球的下一世輪回中，他將啟動覺醒的精神，開始他精神上升的新一階段。

插圖6.1: 覺醒到更高的生活

第七章 高我的展現 ——星光第五層和第六層

我們大家都被一個虛幻的人稱所籠罩：

一個虛假的自我......

我們不太善於識別錯覺，

尤其是我們視其為自己而珍惜的錯覺。

——湯瑪斯·默頓《默禱沉思的新種子》

當你們在進化中每通過一個星光層面時，你們的靈魂就得到更多的自我表達工具。在前四個層面上，你們被賦予了星光體，建立了你們的本能和智力本質，然後被賦予肉身，開始塵世間的生命輪迴。當你們到達星光第四層面的頂峰時，你們有了精神的覺醒，通往神聖生活之門隨即打開。從此，開始了通往更高的星光世界的上升。星光第五和第六層面涉及的是完善已獲技能，並達到你們的更高的，神聖的自我。

在第五和第六個星體層上的生活帶來了對服務、愛、正直、倫理、哲學、直覺和靈感的新理解。在這些精神層面上，靈魂經歷了對上帝更為深廣的認識。你們要建立感知事物的精神官能和靈敏度。你們的本能和智力都在經受磨礪，以為精神服務。你們接受關於精神道路的啟示，並積累對宇宙內在運作的經驗和認識。有序和諧的宇宙的浩渺和你們征途的壯觀都會讓你們見識。隨著這種情況的發生，你開始去除對事物的物質感知，進入精神實相。

生活在第五和第六個星體平面上最美妙的一個方面是我們與我們的靈魂伴侶的關係。當我們開始我們的精神朝聖時，我們與另一個靈魂配對——全憑藉自身完成的——通過造化我們結為伴侶。在你們星光界之旅的早期經歷中，你們和你們的靈魂伴侶很親密。在星光前三個層面上，你們共度了很多生活經歷。但當你進化到星光第四個層面，開始有了肉身輪迴時，你們與靈魂伴侶之間的關係就起了變化。當一個靈魂伴侶投入肉身到塵世時，另一個就會留在彼岸提供精神支援。當那個人死亡並回到星光界時，雙方就會團聚。然後，就會輪到靈魂伴侶的另一方投入肉身到塵世，而回來的那位就留守彼岸給另一方提供支援。當靈魂伴侶雙方的進化在通過星光第四層面時，這一過程都在持續，這就是為什麼在這個精神進化的時期，你們和你們的靈魂伴侶相聚的時間不如之前多的原因。

　　這些靈魂伴侶的互動關係貫穿於我們在塵世生活的整個肉身輪迴過程中，隨著我們進化到星光第五和第六層面時，我們與靈魂伴侶的關係幾近完美。我們仍然是交替地投入肉身，但我們在投入肉身輪迴的間歇，在彼岸共度的時間更長，愛的紐帶更加堅固。

瞭解高我

　　在探索這些更高的星光層面之前，讓我們先看看在形而上學中被稱為“高我”的那個神奇的部分。當人類的靈魂開始它的精神朝聖時，它忘記了它從哪裡來，以及它到底是誰。相反，靈魂開始認同它所沉浸其中的任何環境。這是進化過程中不可避免的一部分。當一個靈魂沉浸在物質意識中時——肉體的、星光體的或還有別的說法——形而上學稱這種意識為“較低的本質”或“低我”。在這個術語中，較低並不意味著貶低。相反，這個術語指的是它在神聖次序中所處位置。低我的另一個名字也可以叫做“沉浸的自我”。

　　當靈魂沉浸在它的較低本質中，它開始呈現較低自我的品性和特徵，就是在建立自己的人格面具。形而上學稱之為“人格自我”(personality ego)，我們大家都持有一個。每個人格都是不同的，因為我們每個人過往的經歷都不盡相同，對待生活的方式也各有所異。人格自我就像演員在戲劇中表演時所戴的面具。你們的名字，你們的肉體屬性，你們所認同的環境和所在地，你們的習慣，等等都是你們人格的一部分，但在超出科學可知範圍的官能上，他們並非是真正的你們。

僅靠較低的本質永遠無法攀登上精神的頂峰。它根本就不具有過程性知識來做到這一點。靈魂渴望追求更偉大的事物的唯一方法是，其意識的一部分並未沉浸在物質經歷中，並且已經具有了精神上的覺知。因而它才能夠指導較低的本質。你們更重要的這一部分就是高我。你們接收聖光、智慧和靈感是通過這個更高的本質，精神管理層與你們取得聯繫也是通過你們的這個更高的本質，你們的精神進化還是要通過你們的更高本質。

高我一直和你們形影不離。它是在你們開始朝聖之前給予你們的。由於你們有了高我，你們絕對不會全然失憶或徹底忘卻你們是誰和你們是幹什麼的。總有一個東西在提醒你們向上。高我幫助引導你們進化。隨著你們的力量和天賦的增加，高我就會變得愈加顯目。形而上學把你們的更高本質的個性印記和特徵稱為“個性自我”（Individuality Ego）。你們的較低本質擁有的是其人格自我，而你們更高的本質擁有的則是其個性自我。

大多數人是以他們的人格自我度過他們的肉身生活的，他們從未達到他們更高的真正本質。他們極為認同自己的人格，以至於他們沒有意識到自己還有一個更偉大的自我。當然，這還只是一個目標。一步一步，一點一滴地，你們就能學會放棄對人格自我的固執，索回你們的個性自我。但這並非易事。人格自我會抵制你們索要個性自我所做的努力。在生活和精神工作中，你們會感受到內在發生的混亂，其中很多都是出自於人格，它在抗擊你們將自己精神化的奮鬥。總有一日，我們終將都要放棄人格自我，完全索回我們神聖的部分。這是我們通過星光第五和第六層面進化的崇高工作。

培養品性——星光第五層面

　　星光第四層面非常像地球，星光第五層面則開始呈現神聖的外觀。你們可以在第五層面上做的事情在其下層面做不到的。這是一個更令人生趣和興奮的地方。所有的星光層面都有它們的榮耀和目的，而第五層面令人關注的一點是其精神和塵世的結合。它是星光的七個層面中居民最多的一層。靈魂在這個層面上逐漸走出生活的物質感知，並著手搭建將把他們一直帶到天堂諸世界的精神基礎。你們可以在這一層取得不可思議的躍進。你們開始有了精神生活的體驗時，你們會大感驚奇，你們的靈魂隨即開始升騰。

　　這個星光層面被稱為樂園。由於自然和星光氛圍呈現出一種天體的色調，一切看起來便更加明亮，更加生動。周圍的環境仍然是很熟悉的，但當你們對上帝的不可思議開始有體會時，感覺就和身處地球時不同了。而你們與大自然的交流則更為深刻。這裡的景色更豐富多彩，鮮明亮麗。你們的飲料是由美味的星光植物釀制的芳香甘露。珍奇華貴的水晶和珠寶在自然界中四處可見，你們還能與礦物精靈交流。動物的種類更多，你們與它們打交道是很愉悅的，因為它們也在一個更高的精神層面上。你們會意識到，所有的自然都處在一個進化的過程中。

因為周圍的環境鼓勵志存高遠，所以你們有上進心，追求極致。相比以往任何時候，到了這個層面上，你們與其他靈魂的交往都更有合作精神、更令人滿意、更富有成效。這並非說沒有挑戰了，挑戰還是存在。但其的一般情況或狀態與在星光第四層面上所經歷的互動有所不同。文明就比你們在地球上見到的更為先進。

在較高的精神層面上，一種令人興奮的自然能力被稱為"飄浮行走"！這種能力從星光第五層面開始，並隨著你們在精神階梯的攀爬而發展。飄浮行走不是像鳥兒一樣利用作用力和壓強在空中移動。相反，它揭示了精神諸世界的一個深刻的秘密——心念主導物質。你們學習用心智的力量飄浮行走。你們會瞭解到，心智的宏大包羅超乎了可想像的範圍。整個宇宙，包含其所有的維度，是一個心智結構，它由神聖心智產生並維持。

通過利用心智進行移動的能力是一種令人欣喜若狂的體驗。這裡有一種無法形容的喜悅和興奮。雖然這是天賦的，但它確實要學才會，需要認真專注。首先，你們要在腦中想像出自己在的某個地方，這樣就開始向前運動了。一開始你只能走很短的距離，熟悉掌握後，你可以走得更遠。當你與聖者一道走時，會顯著增加飄浮行走的經驗。他們可以極快的速度帶你們走很遠的距離。和他們共處的這種場面真可謂是驚險刺激。

　　非同尋常的友誼是在星光第五層面上形成的。凡與你們相知有素，友情長久的朋友都有可能和你們在地球上的許多往世裡打過交道，或是在其它數個星光層面上認識過。你們也許在地球上多次輪回未曾謀面，但只要重逢，便會一見如故。愛是你們的本質，它在這個層面上才綻放，即此你們對精神之愛的真正深度開始有所瞭解了。

　　在第五層面上，最超乎想像的一種經歷就是你們和天使間的互動。在此之前，為了更便於同你們相處，他們向來都以人類的外形示人。到了現在你們才得以一睹他們光輝燦爛的奇偉真身了。天使們的神聖和榮耀是令人震驚得超乎想像。即此，勢必就要涉及到與另一類精神存有，大天使們之間的互動和交流了。他們的進化水準比天使們還要高。由於他們的形象頂天際地，光芒四射，剛一現身時會令人張惶失措。在這第五個層面上，你們會瞭解了意識的精神層次到底有多少，“精神管理層”這個術語就具有了新的含義。

　　當你們感受到你們的更高本質的功力時，你們對自己的短處、品性瑕疵和缺點就開始看得清晰些了。你們開始克服自己的人格缺陷，償還所造的業力，並糾正自己的錯誤。在星光第五層面的整個進化過程中，很多要做的工作都涉及到掌握你們各自的經驗教訓以及加強你們自己的品性。由於這些品性上的經驗教訓，這個星光層面會很難掌握。即使你們處在樂園，人類和上帝之間的衝突還是存在。你們仍然帶有一些地球的，第四層面的意識和在那裡所造的業力。

於是，你們有可能會拖延和不願正視你們的這些部分。但當你們開始看到假我的虛妄和你們自己犯下的錯誤時，就會出現後悔和自責。就感覺而言，你們是不進反退了，原因在於你們時而會取得很大的進步，但舊的壞習慣和行為模式又接踵而來。接下來，你們會愈發感到自己的錯誤，矢志不渝追求上進。這種進步過程中的反復和挫折最終會平息下來，因為進化和上升的勢頭推動著你們往前向上。因為每個靈魂的經驗教訓都不同，所以個人通過第五層面的經歷都將是獨有的。某個人可能需要學習更多的慈悲，而另一個人則需要更自信，如此等等。直接與聖者們一起工作是恩賜，是他們在你們經驗教訓中給予你們的支持。

星光層的聖殿

精神生活的還有另一個奇跡，它從星光第五層面的第七個子層面開始，並繼續往上貫穿更高的諸世界：聖光聖殿。聖殿一詞指的是精神諸世界裡的眾多的精神訓練中心。它們是彼岸所有一切的中心。在塵世生活中，我們有大學、研究中心、醫院、博物館、政治、商業、宗教和文化中心。在精神領域裡，則有聖殿。它們是由聖者們建造並維護的，用以幫助展露我們的創造才能和潛力，並且支持我們的靈魂的精神進化。

在這裡，你們獲得知識、指導和靈感，就是為了以後將其用在星光世界或是地球上的塵世。眾多的聖殿，各有專攻。例如，在愛的聖殿裡，你們要學習的是神聖之愛的諸多品質。有智慧之光的聖殿，供你們學習生命的動態屬性，以及接受面臨困境的指導。還有一種是淨化聖殿，你們的輝光中舊有習慣模式和負面能量可以到那兒去釋放。你們也會被帶到與你們自己的才幹和能力相關的特定聖殿裡。如果你們是音樂家，你們可能會被帶到音樂聖殿，在那裡你們可以接收到寫歌的靈感。如果你們是作家，你們可能會被帶到文學聖殿或戲劇聖殿，如此等等。通過你們與聖殿的交互作用，新的世界便會次第打開。

　　你們要參觀這些聖殿，須經天使引進，不得獨自入內。因為聖殿的運行頻率非常高，聖者們要防止能量摻雜或因故失衡。這並不是說，你們在感到需要時，不能提出要到哪兒去的要求。你們可以提出，但得由上帝決定，哪些是能滿足你們的要求也可以去的地方。

　　在這個內在層面工作的知識所獲，即有強大的功力又頗具神妙。當你們進化到第五個層面的頂部時，你們將已經克服了一些關鍵的品性缺點和瑕疵了。你們的精神進化已經非常穩定了，此時你們對神性的生活更為嚮往。在你們的學習進階之前，你們掌握知識的熟練程度將受到仔細的考查。然後，關於接下來的旅程就會有更全面的描述，是為你們在星光第六層面的生活做好準備。

在星光第五層面上的一天

為了更好地描述星光世界，我給各位講個關於那裡的生活故事。這個故事雖然是虛構的，但都是基於我的親身經歷。我們將隨著一個叫理查的男人，領略他在星光領域的生活。理查在地球時，曾是一名數學教授。那時他是一個有了三個孩子的已婚好男人。他信上帝，但並非十分虔誠。他是在六十歲出頭時，死於一場車禍。就其業力圖看，那時他的時辰已到。現在他在彼岸已經呆了一陣子了，在等待轉世。

當我們的故事開始時，理查在彼岸呆的時間已經是相當於地球時間的大約二十年了。他看起來約莫三十歲，正值精力充沛。因為他在上個輪回中一生的善行，他獲得了進入星光第五層面的第二子層面的待遇。他住的房子頗具英國都鐸王朝的風格，大小適中，是按他自己的想法和愛好為他建的。這所房子的庭院收拾得不錯，還有一個漂亮的花園。他的家坐落在一個山谷裡，四周有鮮花、樹木和一個小湖，不遠處還有些別的人家，這是一個田園詩般的環境。

理查是獨自一人生活。一夜安睡醒來，他精神抖擻地開始了一天。他走入廚房，喝了一杯芳香的甘露。是他用星光食料自製的，像是蛋白質奶昔，供給他的星光體能量和營養。這就是他的早餐。然後他走進臥室，挑出一件要穿的衣服。他備的衣物很齊全，各種顏色都有，易於搭配。他洗了個澡，穿好衣服，還噴了一點帶香的古龍水。在他的家裡沒有收音機或電視，好像是用不著。他已經知道要發生的事，這一天有什麼要做。

然後他走到外面。空氣清新，陽光明媚，美麗的雲朵在空中飄動。周圍環境的內在生機意興勃發。理查穿過鄰里，和經過的人們打招呼。他的步伐加快，轉入飄浮行走了！他把高度提升了一些，大約有十五英尺。感覺這很尋常，他能夠很快就走過好大一片區域。所經過的行人，也都這麼走。

　　他很快來到了一個小鎮中心。這兒人不多，建築物之間相隔有距。但還是可以看出這是一個中心聚集地。理查走到一幢風格顯著，似曾在大學校園裡見過大樓前。人們川流不息地進出。這就是音樂大廳。他走進一間房間，裡面有鋼琴和各種各樣的樂器，有些見到過，有些則沒見過。一個看起來有五十多歲的男人跟他打招呼。原來理查正在修聲樂課，而這個人是他的聲樂教師。在地球上的塵世時，理查有一副男中音的好嗓子。那時他有一種想唱歌的強烈願望，但從來沒有遇到好機會去實現。現在他得到鼓勵去學聲樂。教他的男子在彼岸呆的時間比理查的要長得多，興許有六十年了吧。他挺幽默，很喜歡他從事的工作。

　　那位教師坐在鋼琴前，開始上課了。理查學得不錯，他已經練了一段時間了。教他的教師是個非常優秀的男高音。原來理查要出演一部音樂劇，現正在準備。這天，他正在學習一首新歌，當晚排練時就要演唱。上完課後，他離開大樓，飄行過了小鎮。他先前已經約了寶拉到一個他們喜歡去的湖邊見面。她是理查的女友。她長得嬌小可愛，有一頭深褐色的頭髮，藍眼睛，膚色白皙，喜歡笑。她在地球時，沒曾結過婚。那時她在學校當教師，同時也是名藝術家。她過世後在這邊大約已有六年了，一直在繼續她的藝術研究。

　　兩情相悅是喜歡。理查很喜歡與寶拉一道去徒步旅行，坐在湖邊聊天。他們是在學習大廳裡相識的，許多共同的興趣讓他們好在一起討論，尤其是藝術。情到深處自然濃。他們相擁親吻。兩人一起度過了一個下午，並相約那天晚上再見面。寶拉想去看看理查的排練。

理查回家去取某種培訓紀要。這是精神上的培訓。此時兩個天使般的存有突現在他的客廳裡。他們身著長袍，個子很高。看到他們，理查並不吃驚。他感到很高興。他們溫雅地護送他離開房子，繼而升空飛行，帶著他飛了很遠，速度快得令人難以置信。這種體驗讓理查激動不已。他很快就發現自己到了一個令人振奮的環境之中。他現在到了星光第五層面的第七子層，站在一座叫做授課聖殿的美麗建築前。附近還有些其它的宏偉建築。

這座聖殿高大寬敞，精美絕倫。有很多人來這兒，相當熱鬧。天使們把他引到大門口，那兒有守護的天使衛士。衛士們認出了陪伴理查的天使們，允許他在天使們的扶持下入內。他和其他許多學生一道走進一間教室，坐到指定的座位上，他來這兒受訓已有段時間了。

授課開始了。在場的幾位天界的存有，逐一論述各種形而上學和精神上的主題。其主要重點都是如何應用精神能量。當授課一結束，這些天使們就花時間一對一地教學生。一位天使來到理查面前，教他一種應用聖光的新技術。還給他佈置了作業。課後沒有聚集活動。兩位帶理查來的天使便又把帶他回家，到家後，理查取出本書來閱讀，讓身心放鬆。

夕陽西下，夜幕將至，但暮色還未模糊。理查離開家去排練，他漂行到鎮上的一個禮堂。寶拉等在那兒了，扮演各種角色的演員都已到齊，於是排練就開始了。該戲劇的主題是一個關於星光第六層面的生活故事。音樂很迷人，演員們感覺他們真好像是處於他們表演的第六層面上。排練結束後，寶拉向理查道別，兩人各自離去。整個一天過完了，理查在又回到家，他進入放鬆期，即睡眠期，接下來，新的星光一天又要開始了。

插圖 7.1：療愈的聖殿

在這幅圖中，所展示的年輕女子被帶到位於星光第五層面的第七子層面的療愈的聖殿。她在星光世界已經呆了一段時間了。在她剛過世的那次輪回中，她是衣索比亞的後裔。她在世時和父親相處很困難，父親對她不好。他到彼岸也有很長一段時間了，生活在星光第四層面上。因為還有問題遺留下來沒解決，最近她就被帶到第四層面與他見面。可惜的是，見面談的情況並不好。即使過了這麼久，他們之間的對立情緒還在那兒。他對她依舊帶有敵意，她也發現自己仍然懷抱怨恨，並未寬恕他。這讓她感到驚訝，因為她以為自己已經突破了那種強烈的負面情緒了。這次經歷揭示了她在寬恕上的問題。她看到了這樣一種模式，即每當她感到被冤枉，就會積怨，久久不能釋懷。

她知道這些情緒與她現在的美好生活並不適應。為了幫助她，她的天使教師帶她到幾個聖殿做情感療愈。天使通知說，有療愈的聖殿，還有其它的聖殿，尤其是還有愛之聖殿。她迫不及待地要去這些聖殿。她知道自己需要幫助，並希望自己能夠克服品性上的這個弱點。他們飄浮行走到一條小路，順著走就到了寺廟的入口。她看到許多人進聖殿做療愈和舒緩治療。

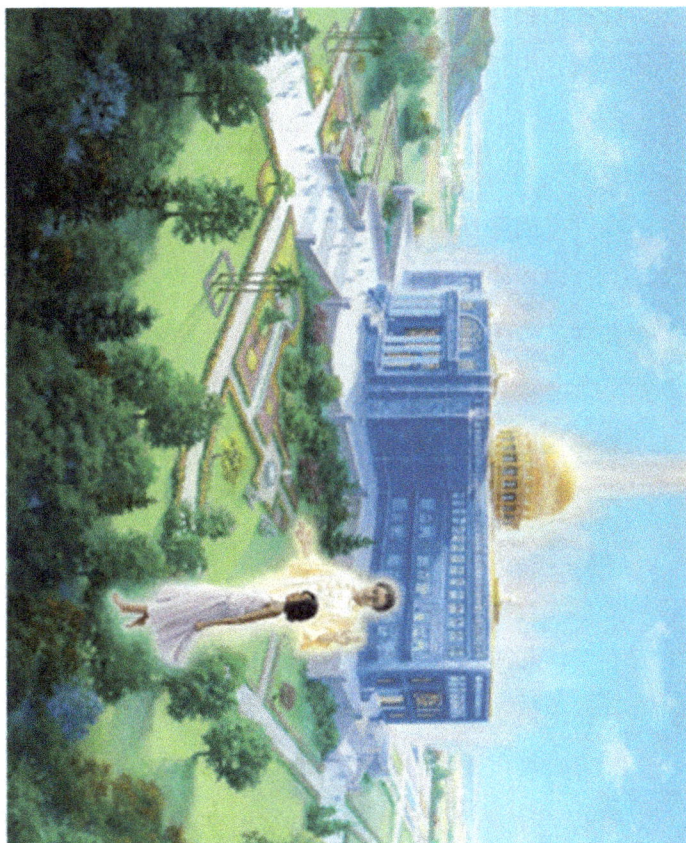

插图 7.1：疗愈的圣殿

　　療愈的聖殿是一個有三層樓高的四方型建築，正門很高大，有漂亮的門柱，十分引人注目。一條兩側種滿鮮花的小路通向白色大理石臺階，把她引到兩扇巨大的門跟前，門是藍色的，比牆的藍色更深些。一個瑰麗的金色圓頂狀物坐落在建築的中央。裡面有許多療愈室和一個大的禮堂，它在圓穹頂的正下方。這座聖殿非經人類之手，而是由天使建造的，是一種地球上找不到的建築。它沒有其它某些建築那麼華麗，但仍然很出色。有大理石花紋的牆壁是淺藍色的，整個聖殿到處都是光，因為藍色，尤其是藍寶石的藍色，所代表的是精神的療愈能量。金色的圓頂狀物是中心，它的設計十分精美，窗戶更令人驚歎不已。在這個插圖中，一束來自更高維度的光保佑著圓穹頂和裡面所有的人。

這座聖殿是在星光界的一個城市中。可以看到在它背後有其它的建築和聖殿，以及遠處的山脈。從長遠考慮，該建築坐落在一片綠藍色的水域附近。那裡水的磁化強度有很好的療愈作用。在聖殿后，朝大海望去，卻是另一番景象的聖殿，其數量繁多，都是些光池。它們非常之大，堪比奧運會比賽標準的游泳池，但不是用來游泳的；而是用做漂浮的，是療愈過程的一部分。色彩各異的光池，提供不同的精神品質支援：和平、愛、療愈、活力、興盛、和諧或力量。

在水池附近的地面上各種大小不一、顏色和能量射線各異的噴泉星羅棋佈，藍色、紫色、粉色、綠色和銀色蕩漾出美麗的水紋圖。人們不僅是欣賞這些噴泉；還要進到裡面去！水的衝力，充滿精神能量，令人興奮，對啟動身體和意識很有幫助。

達到高我——星光第六層面

當你們上升到星光第六層面時，你們的進化就加速了。你們所建立的力量和品性已經到了一個具有了強大精神基礎的水準。穿越第六星體層是取代較低本質的支配地位，讓更高的，神聖的本質就位的旅程。

在星光第六層面上，文明變得更加完善和國際化。星光世界的城鎮更加開朗通達，分佈得也更為廣闊。星光第四和第五層面上的文明強烈反映的是地球上塵世的生活，而星光第六層面上的文明則與我們所知的不太相仿了。它呈現的星光領域獨有的特徵，具備更多的永恆品質。在這個層面上還有更多的聖殿，涵蓋了各種各樣的訓練和指導。地形和景觀更加開闊，更加多彩，更加明媚。上帝的臨在變得更為強烈，無論在哪兒都能感覺到。

在這個層面上，你們日臻完善你們的才能，達到新的熟練度水準。你們提高你們的飄浮行走本領，以使你們在星光世界更加自由自在。第六層面是一個平和的層面：許多關於人類較低本質的混亂已經結束了。你們體驗到一種精神的寧靜——神秘主義者稱之為"平和的寧靜"。這有助於你們轉向內在，更好地理解你們的精神本質。你們以一種新的方式沉思冥想上帝，神聖的生活就會成為你們更深沉的一部分。在第五層面上，你們仍有很多個人意圖，但在第六層面上，你們的心智和心則轉向更充分地仰賴上帝。你們開始感受到萬物歸宗，並開始體驗到一切是如何相通，以及所有生命運作都在協調。你們會感受到花、樹、動物和自然的渾然一體。你們還會發現，小精靈們在大自然裡繁衍和興旺，大自然也得益於它們的照顧。你們很樂於見到它們的出現。

　　在這個層面上，生活中的忙碌和靜思之間有了一種平衡。你們會花更多的時間獨處——獨處並非孤獨。在獨處中，你們會感覺到自己比以往任何時候都更加心智清明。有些人一開始難以獨自相處，要感應到自己的內在本質是一個習得的過程。在星光第六層面上，可以見到一些特設的訓練中心。這些就像地球上的神秘學校和隱修院。你們會在這些中心留住一段時間，培養自己的精神技能。在這種類型的隱居群落生活中，靈魂學習更好地掌控住他們的心智、情緒和本能的本質。你們學習藝術和科學的嶄新方面，這為你們對生命的理解打開了新的大門。

　　在星光第六層面，你們的直覺和靈感心智在進一步發展，為尚在前方的精神榮耀做準備。你們開始具備精神領域的視覺，這會促進你們的乙太部分的功能。你們有被特別指定的天使作為一種監護，幫助你們的精神成長。你們與神聖的層級系統之間的互動增多了，開始與你們以前全然不知的，多個層級的存有打交道，有些存有甚至比大天使們更加榮耀。

　　有了所有這些力量和支持，你們可以更充分地改善你們的品性，對較低的本質，放下執著。在這個層面上會有一些考驗和挑戰，以確保靈魂已經征服了低我，因此而付出的所有犧牲和努力都是值得的。低我會奮起反抗，因為它仍然想要支配並抓住它所執著的物件：人物、事情，甚至想法。這些內在的激蕩可能會很強勢。當你們努力克服它們時，會有多回合的交戰才能取勝。可喜的是，精神上的推動力對你們非常有好處。

　　在這層次上，有律己也有奉獻。你們學習用你的生命力量來服事上帝。你們覺察到這就是生命力量的來源，在回報中，你們的精神生活進展成倍地成長。你們在這個層次上的活動和服務具有了新的意義。你們明白了，生命中的快樂並非在於索求，而在於施與。對你自己和眾生的慈悲心在擴大的同時，追逐私利和自我誇張的習氣則會慢慢褪去。

　　在你們上升通過星光第六層面的各個子層面的過程中，你們的力量也在增加，到你們準備就緒，就要經受考驗，看你們是否願意放棄較低本質的支配地位。要通過這個考驗，渴望進入更高生命的有志者，就必須經歷一場嚴峻的考驗，在考驗中，神明會把你們帶到被稱為冥界的黑暗區域。冥界的靈魂已經發展到無路可走的地步，非得重返正軌，才可參與進化過程。這些靈魂是被放縱不羈的陰暗行為所吞噬的。這個考驗是為了看你們的較低動物本質能否能夠承受刺激而不受其影響或屈服於此。這絕非一個容易通過的考驗。如果你們沒能通過，就意味著靈魂還需努力。會另有機會，未來再爭取。

　　如果你們通過了這個考驗，就表明你們已經準備好捨棄對人格自我的執著。這個捨棄要在一個神聖的儀式上完成。雖然彼岸的星光世界裡沒有死亡，但有最接近死亡的事情，即切斷對較低的本質的依賴。要著重提出，這不是人格自我的毀滅；它是切斷對其依賴，在感覺上像死亡。

　　人格自我 Personality Ego 退位後，個性自我 Individuality Ego 繼而登基——它在低我之上，是真實的，高我。當靈魂到達星光第六層面的頂部，這份榮耀便即刻來臨。你們的輝光場被賦予個性所屬的金色光，為你們的覺悟，以至更遠的榮耀繼續做準備。

插圖 7.2：放棄人格自我

在這幅插圖中，追求更高生命的志願者正在經歷神秘主義者所稱之為的受難，即割捨儀式。這不是一個字面上的釘死於十字架，而是脫離較低自我的支配。為了為這一刻做準備，該插圖中的主人翁歷經了一系列的訓練，包括接受教育、反思、冥想、犧牲、割捨、反復試探和多次考驗。他是聖殿既定的該儀式接受者。他在一個神聖的聖殿聖所裡。牆壁和天花板設計精美，就像清真寺的內部裝潢。有一個觀眾席，因為這是一個重大活動，志願者的朋友和親人都到場給予支援。

穿著白色的長袍的志願者，躺在祭壇上。氣氛莊嚴肅穆，有點像葬禮。當人格面具被鬆開時，便會有一種悲情。他的朋友們為他感到高興，因為他們明白這意味著什麼，但他們的心情也是五味雜陳，仿佛感覺到他們的老朋友漸行漸遠。為他高興的，還有在場支援他的靈魂伴侶，但她知道這是他們之間的一個轉捩點，因為他們在人格層的紐帶要被斷開了。這是每個人的必經之路，人際關係也會像時節一樣流轉，所以在他們之間的新階段開始之前，是會有所失落和悲傷的。

天使們在儀式上圍繞著志願者。他們都身著金色的長袍。眾人都沉浸在冥想和祈禱之中，明亮的白光充滿了整個房間。你們看到天使先是消除此人的人格自我的精神形象，然後"切斷這種能

量的索帶"。這並不意味著人格面具的消失；它依然存在，但其主
導地位已經結束。當人格面具自我的形象散去時，一些觀眾哭
了，流出慈悲的淚水。過去的生命就此結束了。很快，他將經過
復活儀式，以取得他的更高本質。他的真正的自我就將逐漸佔據
主導地位，隨之在他的進化過程中，也將開始新的一天。

插圖 7.2：放弃人格自救

第八章　　覺悟的領域——星光第七層面

救贖之道是由真理鋪就的。

—— 斯瓦米·維韋卡南達

你們上升到星光第七層面，就上到你們星光之旅的一個奇妙的頂峰了。當你們感應到自己的更高本質，便進入了這個發光的領域——你們在星光經歷的頂峰。地形和景觀美到無可挑剔。靈魂還是繼續在地球上的塵世投入他們的肉身，與此同時，他們的精神發展達到了一個非凡的境地。在這個領域裡，神秘的本質也時逢覺醒。精神道路是在星光第四層面真正開始的，隨著你們的神秘本質的揭開而進入全盛期。在這個領域你們會親歷許多奇跡，正是在此，你們融會星光界／塵世間旅程中的所學，集其大成，邁出偉大的一步，豁然覺悟。

什麼是覺悟呢？就是你們的意識在所有方面均已成熟之時。當你們"穿透物質的面紗"，感受生命的內在本質時，這是一種起了根本變化的覺知。隨著覺悟而來的是許多精神的天賦和能力，這些能力與靈魂的精神上的領先是相應的。最重要的是，通過覺悟，你們感知到上帝。在你們的尋求和奮鬥中，正是在這個精神的維度，你們通過所謂的"感知中的上帝"直接感知上帝。你們現在知道上帝的存在了；上帝是實際存在的。當然這不同于你們回到天堂家園時親歷上帝，但它是內在的指南針，引導你們通過更高的多層領域。

星光第七層面的每個子層面都是一種深刻的經歷。層級遞進都要有考驗，這些關口很不容易通過。在較低的層面上，有一些惠澤可以幫助你們的成長。但在星光第七層面，每個子層面都必須一一掌握，然後才得以進入下一個。《啟示錄》提到了必須被打開的七個封印。這些封印——把它們想作為一扇扇大門——是每個靈魂必經的途徑，完成這個層面的上升，就完成他們的星光旅程，達到了覺悟的偉大目標。

當你們開始你穿越這個領域的旅程之時，你們就會意識到你們已經走了有多遠。奪去人格自我的支配地位是多麼大的成就啊！而且在這個領域中，把握逐漸展現的力量和才能又是多麼的重要。此時可獲得的智慧也極度令人驚訝。你們被帶到那些可以接觸大量資源或知識的一些聖殿和地方。這種宇宙智慧觸手可及離得太近，需要經過些適應才能保持平穩。在通過這種輝煌的壯觀過程中，當你學會保持你的思想穩定時，智力就放鬆了，靈感心智就會佔據中央舞臺。奇妙的創意就會接連開始流動。這種創造力可以應用於生活的任何方面：藝術、科學、商業、教育等等。這是一段令人興奮的時間，因為在這個層面上，大家都在應用其專長，表現神聖的創造力。你們很樂意與其他的靈魂們交往。星光層面的表達具有創造力，而創造力的核心就是星光第七層面。

當你們在建立你們的多種創造力時，隨之有扇門便對覺悟中的心智敞開了，這就是歷代聖人都曾領受的，先知的恩賜。這個先知就是聖靈，希伯來神秘主義者中的阿克.哈.古德西 Ruach HaKodesh。一旦恩賜降臨，上帝的心智便照亮了你們的智力。你們賴以生活的就是這個光明，它與永恆的心智直接相系。中世紀的偉大的哲學家，摩西·邁蒙尼德，完美地表達了獲得阿克.哈.古德西的精神要求：

這樣的人必須先靠自己努力，直到他的心智清晰度能夠保持到穩定不移，朝向上天。他必須把他的智力與祂榮耀的

寶座的緊密相連，努力理解超驗的聖潔。他必須更靜於默禱
沉思上帝在每一件事上的智慧，無論它是地球上最高的精神
實體還是最低賤的東西，都要理解它的真正意義。這樣做的
人即刻就夠格擁有阿克.哈.古德西的能力了。當他獲得這種
精神力時，他的靈魂就會和天使的層次息息相關……他變成
了一個全然不同的人。他現在理解事物的知識與以往的經歷
全然不同[1]。

　　一旦你們的心智達到這種光明的狀態，你們就會被委派
到管理地球現行的，神聖計畫的偉大工作中去。天堂諸世界
是精神的總部，星光第七層面是執行該計畫的管理中心。你
們會看到順逆都有的，人類進步的宏觀圖景。有很多工作是
為地球上的靈魂做祈禱。即使地球上的事態雜亂無序，這個
關乎每個人的計畫也是持之以恆的，精神管理層旨在幫助個
體地和共同地實現這個計畫，始終如一。

　　你們參與發送聖光和靈感的工作，以此說明需要的靈
魂，就是那些迷失方向、遭難或痛苦的眾生，以及那些為改
善世界狀況，在擔任重要工作的人物。你們要知道，地球上
有一些高層次的靈魂在執行重要的任務。他們中的許多人來
自天堂諸世界，他們悄然無聲地服事上帝。當你們為痛苦中
的人們工作時，你們的心扉是敞開的，新一層的慈悲就會被
喚醒。你們會發現，覺悟若缺乏真誠的服務，就其本身而
論，是一種徒勞無功的事。你們學到開悟的靈魂是以他們生

---

[1]引用自阿裡耶·卡普蘭 Aryeh Kaplan 的《冥想與聖經》。

命的鮮血來為人類服務的。一個關於服務之路的偉大內在啟
示就會對你們顯現。你們會感到一種極大的忠誠感和對他人
的愛。當神聖生命的內在運作方式打開時，這是一個奇跡般
的時刻——一個流入你們內心，滿溢喜悅的時刻。

　　當你們喚醒深層次的慈悲時，聖者們會幫助你們理解你
們自己的靈魂。會使你們的靈魂感受到，它是一粒屬於永恆
生命而又具備個性的火花。這種感受即強烈又震撼。在那親
密無間的一刻，神聖之感油然而起，其幸福難以言表。這是
一個對自己永恆本質的感受。這使你們得以瞥見你們的真
我，始而認出每個靈魂裡的永恆生命火花。還將引導你們踏
上一段旅程，去更充分地理解和感受靈魂，以及它與所有生
命之間的關係，這些都在既定的維度上等你們到了去進行。

　　通過你們自己靈魂的感受，你們喚醒了你們的神秘感覺
官能，這些感覺官能，直到現在，一直都處於潛在狀態，唯
有通過直覺才能感到。你們以前感受到的只是部分，現在感
受到的則是全部。有了這種神秘的超覺天賦，你們就可以刺
穿物質的面紗，看到生命的精神運作。你們直接體驗聖光，
看到環繞人和事物的輝光。通過神秘的感覺官能，你們可以
聽到聖音和天體的音樂，心智和心靈都為這天籟之音而傾倒。
你們業已通過層級遞進的考驗，進入了自然的內部聖所。

　　你們與其他也擁有神秘天賦的人互動，並且你們以一種
新的方式與人交往。有了聖光助力，你們的工作更為深入。
這些脫穎而出的才能促使你們的成就達到一個勢不可擋的新
水準；你們必須認識上帝。其它事情都不重要。到目前為

止，你們歷經所有的事情來到這一點。它們件件都很出色，指引你們朝向這個偉大的目標。在你們上升中的極其重要的階段獲取成功之前，你們必須通過你們所經歷過的最艱難的考驗：考驗是否還有某個品性上的缺陷，恐懼，或誘惑，仍然可以讓你們偏離聖光。這是對抵禦邪惡的考驗。

你們被帶到一個難以想像的黑暗的地方——惡魔諸世界去經受這個考驗。這些領域不是幻想作品或科幻小說；它們是陰冷徹骨的真實。它們不同於地獄，你們在獲得星光第六層面的更高本質之前，接受過考驗的地方才是地獄。惡魔的世界則要糟糕得多。在此處，作惡者是有意識地違反精神律法，他們為一己私利，竭盡所能阻止神聖的計畫。這個地方的陰暗難以形容。凡是好的事物在此都遭到故意破壞，胡作非為的行徑盡有發生。惡魔們枉費心思地策動濫用每一項神聖的原則，倒行逆施以使別的靈魂墮落。這一次的見聞會使人認識到，此類事情是真實存在的，對自由意志的濫用的程度可以如此駭人。

你們有可能不願獨自在那裡久留，所以你們穿過這些領域的一路都有天使護送。即便有了神的支持，這些惡魔的能量也會鑽心刺骨地去考驗你們。這些邪靈奸詐狡猾。他們會試圖去發現你們品性中的任何瑕疵，最輕微的弱點，如果有，他們就會發現。他們會試圖恐嚇、勾引並誘惑你們。僅憑你們的智力難以讓你們在此地保持定力。唯有內在的純潔才能經受住邪惡的考驗。

如果靈魂經受住了這等來自惡魔的嚴峻考驗，保持了聖潔，這就證明了它已準備就緒，作為勝利者回歸星光第七層面。取得這個偉大的成就後，你們繼續朝聖，去到一個遠離紛擾的清靜之地。這裡的大自然，華光普照，萬籟俱寂，你們內在的上帝蘇醒了，你們隨即豁然覺悟。你們一直以來尋覓，服事和愛主，現在你們終於認識上帝了。造物主生育了你們，你們重新點燃了對他的認識。你們已經不再是很久以前的精神嬰兒了。在意識上，現在你們踏上了與上帝合作的道路。在這段神奇的旅程的極盛期中，會有至福、歡樂和與神交流。你們生命中所做的一切引導你們來到此地。所有的生命輪回、考驗、傷害、悲傷、歡樂、冒險、關係、事業和失誤彙集，才來到這一刻。當然，你們還沒有回到你們永遠的家園，但你們內在的上帝已經蘇醒，上帝懷抱中的你們也蘇醒了。

你們被賦予了非凡的視野。對此你們感到凱旋歸來滿心歡喜。你們在星光世界的進化離畢業近在咫尺，但大功尚未告成。還有一步要走：喚醒你對星光世界之外的更高層世界的覺知。在覺悟後，你們就要開始了所謂的"精神世界的行星旅行"。你們早先不過是知道有更偉大的世界存在，而現在，有了天使的支持，你們將親臨這些更大的領域。見識到如此的奇妙絢麗之境，你們連呼吸都會忘卻。你們歡慶勝利之喜在謙恭、慈悲心和神聖的服事陶冶中而平順下來。隨著你們的大徹大悟，你就會體驗到三摩地 Samadhi，一個梵語中表示進入無限喜悅的詞，即專注一境而如於禪定。在某種程度上，這個三摩地是對星光諸世界的永別。現在你們的靈

魂將在回歸上帝的旅程中開啟下一個設定的偉大歷險，即上
升穿越通往天堂的行星際諸世界。

　　你們內在的世界在精神上所走的每一步也必須在塵世生
活中完成——包括覺悟。當你們在內在世界建立你們的光
明、慈悲心、神秘感覺官能和覺悟之時，你們在返回地球塵
世時也會完成同樣的成就和異能，你們在精神諸世界中呈現
的一切，都會帶到物質領域的外部表達出來。這是個"固
化"經驗的過程，使經驗成為靈魂的永恆表達。

插圖 8.1　覺悟和愛的聖殿

　　這幅插圖顯示了通過星光的七個層面漫長而卓絕的旅程，發
展達到頂峰的個人實力和天賦。這個靈魂通過了諸多星光世界和
塵世的生命經歷，才進化到達此地步。她的品性已經成熟，並喚
醒了許多要達到覺悟必備的精神才智。

　　這個女人已經到達了星光第七層面的第七子層面——星光諸
世界的絕頂高地。她在精神諸世界已經有些時間了，其的精神力
已全然融會于她的星光意識之中。她喚醒了她的神秘力量，她的
心靈感應能力，和她的神秘感覺官能。她經歷了許多考驗以及層
級晉升，才達到能直接感受上帝臨在的地步。此後，她還要過最
後一道考驗——她在進入塵世的下一輪回中，要重新喚醒這些同
樣的力量。如果她能在肉體形式上完成這一壯舉，她就一切就
緒，要進入星際世界，繼而著手為升入天堂做準備。

　　在這幅圖裡描繪的是，覺醒的入門者站在一個陽臺上俯瞰愛
之聖殿：這個建築的佈局清晰，類似于古希臘的輝煌時代的風

格，有氣質典雅的結構和極具魅力的環柱。無處不在的粉紅色、紫羅蘭和藍色的聖光，恰似流光溢彩。在寺廟前的庭院周圍是地球上見所未見的玫瑰，千姿百態，令人歎為觀止。生機勃發的花叢熠熠生輝；可愛的自然精靈從它們的精華中吸吮甘露。甚至連樹木都閃耀著聖光。

愛之聖殿是天堂的愛和慈悲的化身。愛的天使們在這座聖殿裡工作，把愛和光傳遞給他人。該聖殿從天堂諸世界接受上帝的愛，並將愛的力量傳遞到星光層面以及到地球。在這座聖殿廟裡教授的是偉大的課程。這個女人剛剛從另一座聖殿出來，她在那裡剛參與過療愈，正在花一點時間冥想和補充能量。開悟得到的最偉大的禮物之一就是，你們成為精神管理層的成員，奉獻自己參與服務，説明他人進化。

我們看到了她開悟的輝光。它的形狀是一個帶尖的橢圓，其外部現紅光，表明她屬高端的精神層次。她已經駕馭了自己的本能本質，現在引導她的是上帝的精神。她的輝光的能量一直上升到她頭頂上，呈花朵狀，閃閃發光。這是她頂輪，已經敞開了，表明其已覺醒並具有了成熟神秘力量。她的心輪的精神力量特別生動活潑，表明她已經感受到上帝的臨在，並在知曉的狀態下與上帝同行。她花了很長時間去信仰和奉獻，其內在才達到如此程度的覺知。她的心已牢牢地定於上帝，沒有人再能撼動她獻身上帝的精神了。

她眺望著一個異常美麗的驚人的遠景，這個女人正在接收的一個發自神明的，行星系統的視覺異象，即圖中描繪的鑽石鑲嵌的螺旋。行星和太陽系在精神上是充滿生命的，因而在生命的宇宙秩序中，她現在是一個有意識的參與者了。作為她覺悟的一部分，她具有了行星旅行的天賦。她可以有意識地在更高的精神維度上行動。這個視覺異象把她帶入一種精神上無限喜悅的狀態，長久的辛勞收穫了果實，她昇華了，和萬物融為了一體。

　　覺悟是我們終究都要經歷的事情。無論它是發生在今生，還是發生在來世，它都將發生。我們的工作是做我們該做的事情，為等在前面的更偉大的生活做好準備。

插圖 8.1　覺悟和愛的宮殿

第九章　　為天堂而做準備　——　行星際諸世界

玄之又玄，眾妙之門。

—— 老子《道德經》

　　一旦你們在上升中你們通過了星光界的所有七個層面，你們在精神進化中就達到了出類拔萃的地步，在聖光的修習中獲得了巨大的發展。但在你們進入天堂諸世界之前，還有另一座榮耀的精神之山要攀登，即精神領域的行星際諸世界。這些維度的工作就是你們在升至天堂之前要做的準備。在這些領域，你們將彙集你們在塵世/星光世界所有輪回轉世的經驗，同時不斷展現新的精神力量。

　　各種形而上學的傳統均包括行星際諸世界，將其作為其精神宇宙學的一部分。他們所使用的術語各有不同，造成這些領域的研究頗為困難。儘管術語有分別，這些都屬於強大的、開明的領域：奧秘、玄妙、令人興奮。因為它們非凡的品質，有些人把它們和天堂聯想到一起，並以此稱呼它們。就像星光體層面一樣，它們即是靈魂居住的真實所在，也是感受的意識層面。具有精神領域的視覺和超自然的經歷是這些領域的標誌。

　　行星際諸世界由三個大領域組成。每一個領域在神聖的過程中有其自己的目的。在行星際諸世界中，你們繼續增強你們覺悟的力量。你們把你們的精神本質和輝光組成的各個方面都集聚起來；在某種意義上，你們整合了你們的所有部分。你們把你們在地球塵世中所有生命輪回中採擷的智慧，結合你們在漫長的星光界的攀援中積累到的所有經驗，去充分表達你們應得的天賦和才能。在這些領域中，你們要清償你們的業力債務，繼而得以進入神秘婚姻，由此引導你們到天堂開始新的生活。

積聚你們全部的靈魂力量

　　要理解這些領域是如何成為你們的精神進化的一部分
的，就需要對靈魂的激勵力量或驅動力及其與轉世過程的聯
繫有一些洞察。正如我們所見，在地球上的一生時間並不足
以積累靈魂所需要的所有智慧和經驗。你們的靈魂要轉世許
許多多次人生，才會進化到天堂的世界。每次人生轉世，你
們的靈魂都會有精神力量的收穫。

　　然而，當你們進入人生時，你們並沒有帶來你們所積累
的所有靈魂力量。因其太多。你們只帶了你所獲的全部精神
力量的一部分；你們沒有帶來的那部分還留在精神諸世界
裡。更具體地說，你們只把全部聖光的四分之一的力量帶入
一個輪回的人生。靈魂所獲得的其它四分之三的聖光，仍然
保留在精神諸世界裡。

　　為什麼靈魂不能馬上發揮出它的全部力量呢？因為靈魂
需要學習和發展的東西很多，以至於在每一次輪回的人生
中，只能集中表達它的某些方面。舉例來說，假設一個靈魂
具有非凡的音樂技巧，是其在多個前世習得的才能。它自然
會受到吸引而從事音樂職業，而且擅長於此。如果此人一生
圓滿，完成了其作為一個音樂家本要完成的一切，那麼此次
輪回就被認作是成功的。然而，靈魂還有更多的東西需要學
習。也許它不擅長商業、管理資金，或者與出版商和推廣商
談判。也許它的注意力都集中在音樂上，可能一直以來都處
理不好人際關係，也許它想要有一個家庭，但卻沒有，因為
計畫中的此生並沒有這一部分。

　　這麼以來，當這個靈魂完成了作為音樂家本要完成的一切，其它領域就需要關注了。在未來的一生中，此人的音樂才能可能會被隱蔽起來，以發展其意識和諸多才能中的其他部分，靈魂也要探索其它一些方面的表達。如若不然，靈魂帶著同樣的音樂才能轉世，它自然而然地會再次受到音樂的吸引，而可能忽略其本質中其它需要完成的部分。通過保留一些精神力量，它可以專注於其它方面，這是為了發展出一個完善的品性。音樂的創造力依然還在，只是暫時被收藏了。

　　在下一世，此人可能生來就熱愛音樂，但並非是傑出的音樂天才。此人可能會彈鋼琴或歌唱得好，但與前世的卻不能相比。因而未以音樂為職業。其結果是，靈魂的在其它方面的精神能量則隨之轉世。這種新的輝光配置，譬如，可能會引導此人進入經商和顧家的一輩子，一個建立新的技能和才幹的好機會就給予此人了。通過轉世積累了許多體驗，靈魂一直在多方面加強它的品性和本質。

　　隨著靈魂從這個經商和顧家的新一輪人生中吸取要旨，其靈魂力量的那一方面就會開花結果。一旦此一生結束，如若成功，那一方面的精神力量將被添加到眾多積累的靈魂表達中。最終，靈魂要把其經驗和精神力量所有的各個方面：音樂、商業、社會、精神等等，都歸總起來。這是靈魂在進化中，通過精神領域的行星際諸世界的過程中要發生的事。

　　這個原則告訴我們不要著急，要在一生中做完所有的事；這是根本不可能的。專注於你們知道需要處理的基本事物。時候到了，你們就會將靈魂本質的所有品質融會貫通。

心智世界

在星光世界之上的第一個維度被稱為心智世界。神智學稱其領域是神的住所 devachan。它也被稱作"光輝之地"。雖然心智世界一直以來被描述為天堂的一種類型，但這並非真正的天堂。事實上，許多人報告過脫離身體到過天堂的經歷，事實上，其所到之處是心智世界 devachan。儘管如此，心智領域仍是一個極具吸引力的地方。有一種難以描述的極樂與心智世界相連。

你們作為覺悟的靈魂進入心智層面。在這個領域，你們探索你們覺悟的力量，尤其是覺悟的心智。在心智層面上，你們深刻地領悟到心智過程的內在工作方式以及你們和神聖心智的關係。你們學習心智的結構，體驗一切的形式和實質是如何從心智開始的。你的身體，你們所生活的世界，都是心智作用于物質的創造。你們會發現宇宙本身為何是一個心智構建。你們獲得了來自神聖心智的真實圖片，其形象在星光世界和物質世界中必須隔著的那層面紗不復存在了。你們會瞭解到心智是如何滲透到生命的各個維度，從最原始的到最開悟的每個層次。

心智世界如此不尋常和令人興奮的一件事是，你不再是居於一個星光體中。而是居於一個由乙太原子組成的體內。這個體也有形態，它看起來也像你們，但其精神能量比星光體的更強大。這種轉變很顯著，感覺是你們處於一個更接近天堂般的狀態。你能夠感知到以前不曾有過的自然的力量。

　　當最初進化到心智世界時，會有一段調適期。你們被帶到一個叫做玫瑰屋的地方。你們要在玫瑰屋裡入眠一段時間。這有助於你們適應在這個令人興奮的環境中的生活。一旦你們適應了，心智層面上的生活就真正開始了。靈魂繼續彙集其在地球累世和星光各層面所獲得的知識。開發你們的更偉大的心智自我是一種光榮的經歷。想像一下，你們將接觸到，過去各種不同的輪回轉世中形成的，由靈感激發的所有想法！

　　心智層面是思想成為事物的地方。在這裡，你們逐漸學到一種不可思議的能力，就是直接通過你們心智的力量展現出事物。這種能力的確非同尋常。我在心智世界曾有過一段經歷，我在那兒能夠通過心智的力量展現一枚美麗的紅寶石戒指。這是一段令人十分振奮的經歷！你們還會發現語調和話語的非凡力量，這也是展現的一部分。精神的語調啟動了想法，喚起它們進入運動。正因為如此，心智世界中的話語是神聖的。當人們理解語言表達的力量時，他們在說話時便會十分小心。

　　你們的心靈感應能力大大增強了。這種思想上的通曉深化了你們與他人的關係。你們遇到的都是非常好的人，與他人分享的比以往任何時候都更多。你們沒有什麼好隱瞞。你們可以知道他人的真我，他們也可以知道你們的真我。

　　你們心智世界的進化中要通過七個層次，此間你們仍然在塵世中輪回轉世。例如，我曾經有過一次接待了來自精神諸世界的湯瑪斯·特羅沃德的到訪。他是 19 世紀末和 20 世紀初的精神科學和新思想運動的先驅。他以他的乙太形式出現在我面前，為我正在準備的一個關於心智的精神維度的講座提供了一些靈感。他有一種美妙的振動，我可以從他的輝光中看出他是來自心智層面。

在這裡發生的所有心智刺激中，我們很容易忘記，心智層面的真正課程——就像所有的精神維度一樣，是內在的課程。說明你們通過不同的心智層次畢業的，是你們一直在學習的，活在精神真理中的能力。

插圖 9.1：心智高於物質

在這幅插圖中，穿長袍的人站在一個宏偉的金字塔前，它被叫做精神基調的聖殿。它有白色大理石邊，入口十分壯觀，窗戶呈三角形。它坐落在一個高原上，田園式環境很優美，周圍的建築都比較小。各種光線在這個宏偉的建築內部和周圍遊移。在這個聖殿裡，靈魂學會了使用話語的力量作為心智的工具來物化事物。這個覺悟的靈魂正在用他的心智力量來展現他所構思的一本書。音樂的天使站在他的兩邊。一個在演奏一種不尋常的樂器，看起來像一個小豎琴；另一個在吟唱。樂音十分悠揚動聽。當他們表演時，音樂的振動正在說明他增強他的展現能力。他正沉浸在一個精神創造的過程中，近乎於一種虔誠的極樂狀態。

插图 9.1：心智高于物质

因果世界

在心智世界之上的另一個領域是因果世界。這就是靈魂慢慢適應它自己的身份和宇宙歷史的地方。靈魂的一些偉大的奧秘在因果層面上被揭示出來。

在這個領域居住，你們是處在一個因果體中。因果體和世界是由比心智世界更純淨的乙太原子組成的。從心智層面一直到天堂諸世界的所有精神領域是由各種不同層度的乙太原子組成，每上升一個領域，就更加純淨。因果世界的原子並不像天堂世界的原子那樣純淨，但它們的力量增加了很多。

一些形而上學的學派認為，因果平面是心智層面的延伸。神智學把心智世界稱為是具體思維的層面，而因果世界是抽象思維的領域。在印度的形而上學中，心智層面由兩部分組成。下部稱為天堂 Swagelok，上部稱為因果層面 Maharlok。印度的神秘主義者室利·奧羅賓多強調了因果層面的力量，他稱其為"超級心智層面"。因果世界是原型思想存在的地方。在因果世界裡，你們會積累了更多的心智慧力，你們的表現能力會增加。你們會熟練地運用覺悟的力量，同時會更謙恭，因為你們知道你們的力量不是源自你們自己；它是源自上帝。

因果層面的一個非凡特徵就是你們體驗生活的方式。生活歸根到底就是經歷。有些經歷對你們的影響很大，有些影響則不那麼大。有時候，你們的專注點可能在其它的地方，致使你們對當下發生的事情並未真正在意。抑或你們根本沒

有認識到正在發生的事情的重要性。在因果層面上，你們卻
強烈地處於臨在狀態中，對當下所發生的一切事情的重要性
都有深刻的覺察。當你們認識到它們的內在意義時，你們的
交流和活動便具有了深刻的意義。

　　忠誠奉獻在一種新的層次上展開了。你們所經歷的人際
間交往更加深刻。你們會發現你們與其他人類靈魂之間的紐
帶聯繫竟有這麼豐富多彩。你們對自己愛得更深刻，奉獻的
更加多。你們對自己的品性弱點有敏銳的覺察力。即使你們
開了悟，改進的空間一直都會有。對他人要寬容，瞭解他們
的優點和缺點，以及他們在精神進化中所在的位置。

輪回轉世和因果世界

因果世界是靈魂表達的一部分，其與輪回轉世的過程密切相
關。輪回轉世涉及到生命的諸多領域，但許多的戰略規劃和
審查工作則是在這個領域進行的。準備新一輪轉世的關鍵要
素也產生於因果世界。

　　因果層面是靈魂的層面。在因果世界的進化過程中，最
重要的目標之一是，無論其好壞，全盤接受你們以往累世的
業力。在你們向天堂世界的攀升中，你們也會全方位，深層
次地回顧自己漫長的業力史。你們開始了一個接納講和的過
程，在那裡你觀察許多往世的生活，獲得你的宇宙故事的第
一手資料。你們看到了你們在諸多輪回中積累的善行。有些
前生更是出類拔萃，成就斐然。你們看到了自己在人類經驗

的許多方面是如何取得成功的。你們自己靈魂史的強大精神底蘊增強了你們的信心，給予你們勇氣和希望。

同樣地，你們也會回顧那些在痛苦和掙扎中度日的前塵往事。你們會目睹自己熬過來的過程。繼而明白任何努力都不會白費。即使你們在某一輩子徒勞無功，善果終歸會出現。過去的磨難，你們在身臨其境的當時也許不知所以，但它們卻是為更高的目的服務。你們從未有過孤獨。即使在那些艱難困苦的往世中，上帝也在你們身邊。

此外，你們也回顧那些丟失了精神基礎，誤入歧途，為非作歹，甚至罪大惡極的輪回。也有些往世，你們充斥在欺騙、盜竊、縱容、謀殺之中，或沉溺於巫術。這些往世中，你們招致他人的痛苦，以及你們褻瀆神明的一五一十都不堪入目。對自己竟然犯下如此的惡行，你們看過後會有自責。它打開你們的心扉，知道我們的過去都有興衰沉浮，這些經歷是精神進化不可避免的一部分。也是我們要一一接納講和的部分。

然後你們要經歷一段時間，請求上帝寬恕你們過去的罪孽，清除你們的靈魂中這些陳跡的所有殘餘。你們通過這個過程清洗、淨化和提升你們的靈魂。業力之主向你們展示了你們已經完成的業力債，仍需清償的業力部位，以及所欠的債務。即使已經進化到因果層面，你們仍未還完你們所有的業力債務。但到那時，你們接納自己，改正過失的動力更為積極。

當你們通過因果世界達到你們進化的頂峰時，你們就會更加理解，自己實為一個不朽的靈魂。你們的許多懸而未決的業力問題業已完成，即此你們終結了自己漫長的業力史，也汲取了歷史給予的眾多教訓。你們現在已經安排妥當，就要開始匯總你們所有積累的才能、經驗和精神力量，做跨入天堂的準備了。

插圖 9.2：與過往輪回和解

這個靈魂已經進化到因果世界，在經歷一個與過往輪回和解的過程。他和眾業力之主聚在一座宏偉的寺廟的觀景室裡。桌子上攤放著一本生命之書；翻開的正是他的頁面。書頁裡的聖光在字裡行間熠熠生輝。牆上有一個觀看螢幕。在這個螢幕上，這個男人看到了過去某一世的情景，當時他身為僕從，為他人做了許多犧牲。過往的情景就像是過電影，但這部電影是三維的。他覺得身臨其境，體驗他在那一世的所作所為並感受到當時的真正動機。他的經歷是客觀的，沒有個人的色彩。他即高興又驚訝，自己能夠做到這樣的良善，這激勵他要更多地去做善事。

插图 9.2: 与过往祖国和解

乙太世界

現在我們來到了精神星際諸領域的頂端——乙太諸世界（不要與天堂諸世界中的精神乙太亞世界相混淆）。當你們到達這個層面的時候，你們更接近天堂，更遠離塵世了。這一層面的精神進步，與天堂的輝煌近在咫尺。在這個領域裡，靈魂的各個方面歸於集合，為進入天堂諸世界做最終準備。

這是一個非常神秘的層面，充滿了視覺異象和精神體驗。當精神展露到了這個階段，你們會極為喜悅，慶賀走到這一步的成就。你們感到功成行滿，心懷感激。激動不已，又歡欣鼓舞。你們參與秘密會議，會晤高級的精神存有，並且更加密切地與精神管理層合作，有關他們自己的秘密，所涉及的之前都不曾被允許披露過。

在這個領域裡，你們處於一個強大的乙太體內。你們的精神感覺更精准，可以看到神秘的生活的更多細節。你們的覺悟力量登峰造極。最為突出的是，此體威力強勁，收放自如，得以囊括你們靈魂的全部力量。在這種乙太的形式中，你們把你們真我所有方面——在你們漫長的靈性旅程中積累的所有教訓和才能——凝聚成為一體。以前的零散不全，現在到了融會貫通。你們被稱為文藝復興人，是多才多藝的全才。

在乙太層面上，你們償還了你們所剩的所有業力債務。在迄今為止的進化過程中，你們一直在處理業力狀況。現在，你們在升入天堂世界之前將全部清理完畢。你們有了一種如釋重負，自由自在的巨大感覺，知道你們終於糾正了你們的所有錯誤，也釋懷了他人對你們的所有恩怨。

你們達到了一層新的個人表達之地。你們的一切都在神性自我的光輝籠罩著之下。你們達到一個新的無私奉獻水準。你們勤奮地工作，參與了許多專案。你們已經學會了擺脫低我的幻想，由你們神性的自我來運作。這個工作是從你們到了星光第七層面時就開始逐步推進的，到現在進入全盛。你們會收到許多精神的視覺異象，特別是神聖計畫的異象，還會向你們展示，基於運動中的動力，未來可能發生的事件。你們可以看到你們所有領域是如何在交織中成長的過程，以及塵世間的生活是如何依賴于精神諸世界的。同時，你們也可以看到塵世間的生活是如何影響精神諸世界的；它們都是相互關聯的。

關於進入七層天堂中的首層精神乙太亞，要準備的工作有很多。所有靈感來自天堂世界的精神、宗教和形而上學的學說都存於乙太世界中。偉大的世界諸多宗教和形而上學的傳統的原型都是在這個領域和諧安排，協調有序的。你們可以看到天堂諸使者，如佛陀、克裡希納、摩西、穆罕默德、耶穌和孔子，是如何從這個領域把他們的神聖學說具體化到地球的。

你們從這個層面上所獲的肉身是你們的精神旅程至此所擁有的最神聖的肉身。雖然這個領域的居民不像其它精神層面那樣多，但每個靈魂都在為其最後的攀升做準備。而不僅只是你們；這個領域的每位都處於他們成就的頂峰。他們與你們分享他們的故事，而你們也把自己的故事講給他們聽。
在這個層次發生的友誼都是世代相隨的。你們和大自然、動
物間的緊密關係也達到一個新的高地。乙太領域的美是星
光、心智或因果世界中的一切發現所不可比擬的。萬物的生
機活力都在你們的體驗之中。

　　到達乙太世界的頂峰就是一個非凡的探險旅程的輝煌結
束。在這個精神成熟的水準上，靈魂已彙集它所學所聚之大
成，業已就緒，只待進入天堂了。為了紀念這一偉大的成就，
並賦予靈魂它為未來所需的力量，靈魂要經歷神秘的聯姻。

　　各種宗教和精神傳統將神秘的聯姻解釋為與上帝和神聖
的結合，與基督的結合，與人性的各個方面的結合，或與靈
魂伴侶的結合。這些解釋都很好，但就靈魂向天堂進化而言，
神秘的聯姻意味著神聖精神與人類靈魂的結合。許多人在本
質上，把精神和靈魂等同，但形而上學則對這兩者做了區分。

　　你們都是一個不朽的靈魂。是你們的靈魂一直在經歷我
們仍然探索不止的進化過程。神聖精神則有所不同；它是你
們已經處於完美狀態，自始至終一直引導靈魂的那一部分。
我們聽到人們說一個人的精神有多麼強大，或是說他是多麼
的高尚。我們真正想說的是，這個人已經學會了如何讓它的
靈魂隨精神一起工作，以增強靈魂的力量，並消除它的缺
陷。隨著你的靈魂的成長，你正在學習屬於"精神的一部
分"。雖然神聖精神一直與你們同在，但在你們準備就緒，
要進入天堂諸世界之前，它並不會成為你們的一部分。到了
神秘的聯姻，就是靈魂與神聖精神結合之時，靈魂作為一個
天堂的公民進入天堂，精神和靈魂便可攜手合作了。

插圖 9.3：神秘的聯姻

在這個場景中，入門者正在經歷精神和靈魂結合的儀式。儀式在戶外一個風景優美，寂靜神聖的地方舉行。這個女人被圍在在一圈天使的中間。每個人都穿著莊重的長袍。主持儀式的是一個不可想像的輝煌存有：智慧之光之主。智慧之光之主以神聖的力量祝福這個女人。在女人的上方，一個乙太的形體從她的頭頂之上下垂。這是她的神聖精神。它已經有了可以辨識的形態。那在聖光中閃耀的就是，其能量如此之大，你們幾乎只能看到白光。有了這種結合，受膏的靈魂就準備好進入天堂的諸領域了。

插圖 9.3：神秘的聯姻

第十章　天堂的榮耀

起來，去發光吧！因為你的亮光已經來到，主的榮耀已

經照耀著你了。

——《聖經》以賽亞書 60:1

　　在我進入形而上學的教學生涯的當初，是個激動振奮的一個時段。之前多年來接受的精神培訓，建立的超覺天賦的技能和知識，都在為之準備，現在我已經就緒，要幫助別人的進化了。那是在 20 世紀 70 年代初。雖然形而上學領域的大門敞開，但精神教師卻並不多。我的超覺天賦對輝光的研究使得我漸漸被人所聞。人們一知道我能看到輝光場，就產生了興趣。隨後，我很快就開辦了大量的講座和工作坊，並親手做精神療愈與輝光解讀。我還設立了長期的，每週一次的形而上學培訓課程。這讓學生們可以更深入地鑽研課程。我在那些時候結交了一些很好的人，並成為了終生好友。

　　在那段時間裡，我有了一次天堂的經歷，改變了我的生活。在前往內在諸層次的旅行中，我們到了一個國度，它被稱為光國，我發現自己和一個大天使在一個參天的天堂松樹林中。一種杏色的乙太光彌漫在氣氛中。高大的松樹充滿活力，松針茂盛，種類繁多，而都是我不曾見過的。松樹散發的是我所聞到的最甜蜜的氣味。當我們一道穿過森林時，我感應到樹木的精神實體。他們也意識到我們在此——尤其是大天使在此——並以他們自己的方式交流。不知何故，在意識中，我也可以以他們所理解的方式與他們交流。這種與自然的如此親密的經歷對我來說是從未有過的首次。

　　在森林的一些地方，聖光是如此強烈，我幾乎無法分辨出樹和光。然後大天使把我領到森林裡的一片空地上。祂示意我抬頭看。當我把注意力轉向上時，我看見光彩奪目的精神之光，就像一片懸在空中的光的海洋，五彩繽紛。最初，我想這可能是雲朵所集聚的雲團，形狀很奇異，但它又不像雲一樣移動。大天使告訴我，這是神的意識集合，由天使所造，是他們輸送聖光賜福自然的方式。

接下來我知道的是，聖光從天上的光海中往下落雨滴！它們不只落到我的衣服上和皮膚上；還滲入到我的體內。這雨滴令人腦清目明，精神振奮。我四周的自然各處都樂不可支地吸收這光。當我們繼續在這天堂之雨中行走，我感到越來越往高處行了。最後，光雨停了，我們來到一座宏偉的聖殿的地面——華麗、優雅，散發著粉紅色的光芒。

我被帶進了一間漂亮的祈禱室。在這個房間裡還有其他非凡的天堂存有們。這些天界的存有們談起我當時所接受過的精神學說的培訓。他們的領導者開始向我展示我的使命就是幫助把這些學說傳播給他人，以及怎樣去做。此前伊內茲已經為我準備好參加了進行一次公開的巡迴演講。現在，聖者們更是充分地向我展示了這些學說是如何起源于光國，以及它們的目的是説明靈魂升入天堂。這位天堂存有說，被培養做這項工作的人並非只有我一個。

然後他們給我看了一本聖書，裡面有不計其數的名字，他們已經準備好開始他們向光國的旅途。這些是他們的天堂名字，是以天堂的語言寫下的。需要許多輪回轉世的精神成長，才能達到這個目標，然而，此時正是他們每個人開始這個旅程的時機。神明說，即使是那些名字還未入冊的人，最終也會開始旅程，因為所有的靈魂都註定要去天堂。我開始在更大的格局上瞭解這個神聖的偉業了。對人類有一個宏偉的計畫——對文明的精神真理的新啟示，作為文明的自然成長和進化的一部分——為了我們更大的福祉，神明正在努力工作。這一切都很令人興奮，但我想知道我能做些什麼。聖者們說他們會引導我。他們給了我信心，我會在他們的幫助下盡我的職責。我得到了祝福，並告訴他們我已準備好盡職效忠。

在這一章中，我們將探索進入天堂的壯麗之旅。一旦一個靈魂成為了天堂的公民，又該怎麼辦呢？精神朝聖完成了嗎？你們在地球塵世中的凡胎肉身被解脫了嗎？你看到上帝了嗎？神秘主義者海倫娜‧布拉瓦茨基被問及到，當靈魂達到這樣的精神高度形態時會發生什麼。她回答說："你們從完美成長到完美。"生活不是靜態的；它是動態的和有表現力的。雖然天堂很美妙，但它並非你們的精神之旅的終點，因為它還不是你們的最終目的地。到達天堂是一個巨大的成就；這意味著你已經達到了一種完美的狀態。然而，你們的人類潛能還未得到充分的發揮。那個狀態的完美是由你們掙得的精神力量積累而成的，你們將在此基礎上繼續努力。你們現在將通過天堂來完善作為人類的靈魂的你們自己。所以你們不僅成長到天堂；你們還要通過天堂繼續成長！你們的成長要通過七層天堂。

你們可能會說，"太棒了！但這聽起來太遙遠了。天堂和我在這裡的生活有什麼關係呢？"

關係還真不少呢。

正如我們一直在探索的那樣，天堂不僅僅是外在某個地方。天堂也是你們的內在。你們日復一日地參與並受盛於天堂諸世界。他們也長此以往在維持和啟迪你們。其目的是與原本已是你們的那一部分建立更直接的聯繫。你們的回回的祈禱冥想；回回的先人後己；次次的樂善好施，厚施薄望；次次的助人為樂，不計回報；你們總是以精神生活為重。每當此時，你們都在參與天堂的振動。你們的塵世生活並非與你們的精神生活無關；它是精神生活的固有部分，並且為你們追尋的神聖目標提供所有機會。的確，你們是以自己的生活方式，把天堂帶到地球的塵世。

當你們第一次畢業進階天堂時，會有不少慶祝活動。這是一段適應天堂的振動的時光，有許多的歡樂和奇遇。你們會遇到別的天堂的靈魂們——有些是像你們一樣的新來乍到者——另一些已長久紮根在此，是本地居民了。你們的人際關係有了新穎的多維度表達。你們會體會到愛的蘊含竟有如此之多，愛是如何把宇宙維持成為一體的，以及所有的精神世界的行星是怎樣專注於愛的工作的。文化、藝術、音樂、科學、哲學、宗教和政府在天堂世界中都有，但其存在方式卻前所未聞。

天堂是擁有聖光和精神力量的地方。上帝的臨在，上帝的心智，和精神之愛心無處不在。美德和聖潔是存在的自然狀態。天堂諸世界是原型的領域，神聖的概念先要在此形成，然後才在地球被具體化。天堂是精神管理層的總部。這就是我們獲取引導，聖光和靈感的來源。在天堂諸世界裡，表達的創意無以倫比。你們的才能和技能都達到了新的高度。智慧高到令人難以置信。現在你們已經喚醒了你們的精神力量，是充分利用和表達它們的時候了。

每一層天堂世界都是一個機會，在新層次上展現對上帝的覺知。你們步入了對生命真正意義更深入的理解——對你們不朽的靈魂有了更全面的理解。你們與聖者們相處而知之更甚，與其在共創過程中的合作也愈加密切。你們融入並參與神聖計畫之中。然而，即使在這裡，在整個宏偉事業之中，也會有個人的挑戰和考驗，有時也會有失足。即使是在天堂，上升的路線也並非直線一條。

在天堂裡，萬物的形體之大前所未見。自然和生命都光彩奪目而又各具特色。每層天堂世界都有自己的一套法則，但均從屬於同一的宇宙法則。認識到生命的法則涵蓋之廣，以及大自然的活躍之至，真是令人震撼。你們可以直接感應到周圍自然的內在本質，包括鮮花和樹木，並與之交流。從某種意義上說，內在的生命成為了外在的生命。

你們有一個天堂體，它由你們所處的天堂物質所組成。這種天堂的形態是超凡的。正如聖保羅所說：

有自然的身體，有精神身體……我們生來便是塵土所捏之人的形象，也一直帶著天堂之人的形象。[1]

在你們的天堂體裡，你們的靈魂找到了非比以往的表達方式。就像一個小提琴家用頂級的斯特拉迪瓦裡小提琴，演奏最悠揚的音樂。你們的身體有一個向外展開的輝光場，它雖然有外形，但因它的輻射品質，通常被稱為"純光體"。你們在天堂的眼睛看得到在物質生命中不存在的神聖的顏色。你們在天堂的耳朵能聽到只有在天堂才能聽到的音調和

---

[1] 哥林多前書 15:35-49

和聲。你們喝的是天堂的飲料。你們受用的是天堂的慷慨饋贈和美味佳餚。

有一些對天堂的描述把我們的神聖本質勾勒成一幅莊嚴肅穆的形象。然而，真相是，你們有多種多樣的情感和心智的表達方式。你們依然是人類，所以你們還是保有一個"正常"的人類情感範圍。自由意志照常起重要的作用，你們少不了會犯錯誤。當然，你們的情感範圍具有真正的天堂本質。你們的天堂體是適應這種更優異的心智和情感生活的。

你們體驗過天堂裡的上帝嗎？上帝無處不在，你們在上升的過程中已經體驗了內在的上帝。在天堂裡，這種體驗被大大加深了。諸層天堂本身就是上帝的國度直接創造的，因此，關於他們的一切都是神聖的造物主所言。然而，儘管這些經歷氣勢恢弘，但它們與站在上帝榮耀面前的實際經歷還是不可相提並論。那是專為你們最終上升到上帝的國度而儲備的。當你們在體驗七層天堂的奇跡時，總有一些東西催促你們進取向上，要抵達你們初來的源頭。

七層天堂的完美

到達天堂意味著你們已經達到了某種完美的狀態。然而，這並不是精神道路的盡頭。靈魂的進化要歷經七層天堂。你們的靈魂每通過一層進化，它的潛力會展現得愈多。因為有七層天堂，也就有所謂的七層完美，它們是通過這些天堂領域在你們的進化中發展的。當你們完善了這些神聖的屬性時，你們就真正圓滿地展現了你們神聖的自我。

　　你們可能會想知道，為什麼在走了這麼遠，到了天堂，已明心開悟，這麼多的精神潛力都得已展現，這還不夠！還有什麼要完成的呢？

　　在我們的進化過程要通過星光世界和行星際世界以及我們在塵世的許多輪迴轉世，靈魂一直在多方面學習和發展，以達到完美的階段，從而贏得通往天堂的道路。但這種完美在理解上並非完整。智慧需要經過七個步驟的盡善盡美的過程才能掙得。當我們登上天堂的領域時，我們將回顧這些人生的教訓（會同許多新的經歷），之前無法想像的方式來豐富靈魂的理解和智慧。海倫娜·布拉瓦茨基曾談到，智慧的鑰匙要轉動七次，方可真正理解和體現這個真理。

　　每一層天堂的完美均與一個特定的天堂世界有關。逐層遞增，如此以來你們在進化的過程中得以積累這些完美。這些品質對塵世生活也並非不熟悉。即使是現在，我們都在一定程度上表達了它們。七層完美和它們相關的天堂國度是：

永恆的自我的完美——精神乙太亞

永恆生命的完美——光的國度

創造精神的完美——創造的國度

聖潔的完美——眾神的國度

服事的完美——內在之光的國度

無限精神的完美——精神之光的國度

謙恭的完美——上帝七靈的國度

　　有神聖之愛和神聖心智的輝光籠罩著你們，你們無需到達天堂就能開始體現這些精神品質。通過全力以赴地表達這些屬性，你們就是在為未來的榮耀做準備。

進入天堂後的肉身輪回

　　當靈魂到達天堂時，它在塵世中的肉身的輪回轉世完結了嗎？印度教的傳統將轉世週期的完成描述為"擺脫必然之輪"。靈魂投入肉身以體驗生命－去學習並在精神上的成長。它在塵世間的生生世世就像在學校裡的各年級一樣。所以，真正要問的問題是："當靈魂進化到天堂時，它是否已經完成了它在地球上塵間的精神教育了嗎？"答案是：至此還沒有。地球還有更多的東西要教給靈魂！當一個靈魂到達天堂時，它已經喚醒了它的精神力量和才能。它的精神之眼睛睜開了。此時，靈魂可以展開它的精神翅膀，最大限度地體驗地球上的生命。靈魂的工作是現在把它辛苦掙來的才能帶到新的高度來表達。

　　在天堂裡，一個新的肉身輪回週期開始了。這些都被稱為在天堂的肉身輪回。你們在地球塵世的天堂表達含蓋了你們在肉體形式中擁有的最令人興奮、最神秘、最圓滿的諸世生命輪回。你們能更深入地理解塵世，並做出你們最睿哲的貢獻。人類最偉大的思想家、音樂家、藝術家、領袖、神學家、科學家、哲學家、形而上學家和發明家都出自天堂，並從那兒帶來了服務於更大的福祉的力量。有些天堂的肉身高貴顯赫，而另一些則是謙恭居下，也許寂寂無名。這便開啟了意識對人類狀態，在慈悲和認識上的一些最深刻的表達。

　　天堂的靈魂，直到第三層天堂－創造的國度為止，都有肉身在地球塵世上。當你們進化到三層天堂時，你們作為人類的靈魂，在地球塵世的學業已經完畢。已有不計其數的靈魂通過了這些門檻。在這個點上，靈魂已經獲得了屬於自己的"擺脫必然之輪"之路，並準備好要登上更高層的天堂了。

精神乙太亞——第一層天堂

第一層天堂是一個被稱為精神乙太亞的神秘領域。這個地方的美麗和榮耀真難以形容。一種縹緲的乙太藍光彌漫在這個領域，這可能是它名字的來由。這裡有旖旎的田園風光和能量強大，博物通達的聖殿。在精神乙太亞沒有黑暗。一切都充滿了光明和愛。這裡有美妙的天堂音樂—真正的"多種天體的音樂"。你們會從經驗中感覺到一種非凡的自由和創意的表達。

當一個靈魂初入精神乙太亞成為公民時，會有慶祝活動舉行。你們會和其他天堂的靈魂相遇；以從未有過的交流方式相識，並發展友誼。天堂的美妙之處還在於，你們和你們的靈魂伴侶是一道進入精神乙太亞的！你們被安排在精神航行中同行，攜手通過天堂行星系統。天堂的宏偉壯觀令你們歎為觀止。

經過一段時間的享受、遊歷和放鬆後，天使們便與你們見面，討論接下來的事。他們討論你們在進入天堂後，未來在地球上的肉身輪回。你們看到了神聖的計畫和你們未來通過這些天堂的整個過程中的所有肉身輪回，以及你們有多少事要去完成。如果你們在科學或藝術方面有天賦，你們可以把這些天資培養到愛因斯坦或莫札特的水準。然而，並非你們的每次轉世都大有作為。在進入天堂後的許多肉身輪回中，你們會沉寂於工作，默默無聞地為神聖計畫服務，有時在意識上還並未覺知到你們是天堂世界的一部分。天使會以視覺異像向你們展示人類的走向，便於你們更好地理解你們的肉身將要投入的世界，以及你們怎樣才能做出最好的貢獻。

你們開始上升到第一層天堂是通過努力進取達到第一層天堂的永恆的完美，即永恆自我的完美。這讓你們更深刻地體驗到自己是不朽的生命。在肉身輪回的過程中，這個真理被偽裝起來了。塵世的生活終有一死：你們從出生，到過日子，終了於死亡。然而，這並不是永恆的你們。你們的一部分從未出生過，也永遠不會死去，這就是你們不朽的靈魂。

作為建立這種完美的一部分，聖者們向你們展示了一些與你們進化有關的阿凱西記錄。讓我們停一下，瞭解一下什麼是阿凱西語記錄。阿凱西 akasha 這個詞來自梵語中的"開放的空間"，常作為乙太的同義詞使用。這個概念是，宇宙中彌漫著一種原始物質，萬物都是由這種物質組成的。形而上學稱這種原始物質為精神實質 spirit-substance 或又名阿卡-沙 aka-sha。你們身體的原子，所有自然界的，行星和恒星的原子，都是由這種原始物質組成的。當你們表達一個想法、行動、情感或話語時，你們就會在阿卡莎上形成印象，留下某種記錄。所以，你們所做的一切都被記錄在生命的織構中！

這些精神印象可以像一部電影一樣被觀看或重播。我們之前探索過的《生命之書》就是阿凱西記錄的一部分。故而，阿凱西記錄的所含更多。你們整個進化過程的記錄都被收納其中，甚至包括早在你們到地球塵世有肉身輪迴之前，更為原始的狀態。這就解釋了為什麼，與普遍的理解相反，在地球塵世上沒有誰得見阿凱西記錄。你們只有成為天堂的公民時才能看到他們。

一旦進入天堂，聖者們就會向你們展示你們精神朝聖遍及的整個範圍。即使在你們最初的那些原始階段，你們也能看到你們自己靈魂的印記、品性！你們會認出和看到在進化的各個階段中的自己。你們會意識到經歷所有這一切的是同一個不朽的靈魂。你們會以多種新的方式理解，作為一個不朽的存有，要歷經許多次生命週期而進化的意義在哪裡。

精神乙太亞是一個原型世界。正如星光第四層是個中轉庫存區，放置著許多將要被物化到地球的發明，精神乙太亞也是一種中轉庫存區，放置的是來自更高層的天堂和上帝國度的天堂設計。完美的神聖計畫就是在這一層天堂裡制定的。許多神聖的光和靈感都是從精神乙太亞流入我們下界塵世間。實際上，我們每天都得到上天的饋贈。

在精神乙太亞，當你們的進化到高階時，你們在天堂的開悟便會出現。因為每一層天堂都是一個機會，來展現七層完美中的一個，每層天堂也就是深化你們開悟的一個時機。當你們的進化通過了第一層天堂到達其頂峰時，你們對精神乙太亞的力量就運用自如了，新的天賦和能力便逐漸顯露，你們流淌的愛也增加了。最美好的是，你們獲得了對上帝更深刻的理解和體驗。你們在精神乙太亞一旦達到了的開悟，就要畢業升級到第二層天堂——光的國度了。

　　塵世間的生活得益於所有層次的天堂，但精神乙太類亞與地球上的生活聯繫最為緊密。理順你們的生活，使之與這個偉大的領域相應合。在我們在走向生命源泉的旅程中，我們嚮往的意識領域就是精神乙太亞。

插圖10.1：進入精神乙太亞

　　這個場景描繪了勝利者進入精神乙太亞的過程。這個地方是一個天堂城市，特意為天堂的那些新來者們所造。這裡的建築風格林林總總，包括地球上文化的再現。

　　這兩位身著黃色長袍的是一對已經畢業，進入了天堂的靈魂伴侶。進化到天堂最美秒的部分就在於你們是和你們的靈魂伴侶一道來的。在攀登精神階梯時，如果一個靈魂比另一個靈魂爬得快，它就要等到另一個靈魂趕上來，這樣他們才好並肩進入天堂——這種行為就是真愛。在這種愛的結合中感受到的是宇宙之愛，早在他們的精神朝聖初始，他們就被結成一對。但相聚於此則是經過了漫長的旅程，於是他們盡情地投入這神聖的時刻。

　　一群在這個國度居住的天堂靈魂前來歡迎他們，人們載歌載，興高采烈地接待新來者。他們集聚在一個院落裡，院裡的玫瑰和各種花卉爭奇鬥豔。在院子的中央是一棵乙太樹。神秘主義者象徵性地稱之為生命之樹，因為它帶來了乙太的、永恆的振動——精神的果實。

　　在這對進入天堂的伴侶的背後，是一座恢宏的建築，類似一座歐洲那些很有氣勢的大教堂，它被稱作靈魂的大教堂。它是由內部發出各色光線的白色條紋大理石構造的。在地球上，大教堂是代表著教會權威的所在地。在天堂裡，這座大教堂不代表任何教派。它代表了靈魂的所在地——靈魂通過經驗獲得的智慧。

　　天空中有一座懸在空中的聖殿，人們正往那兒飄行。這座聖殿保佑著城市的居民，為他們提供來自精神乙太亞更上層的天堂諸世界的能量，激勵他們在天堂繼續攀升。

插圖10.1：進入精神乙太亞

光的國度——第二層天堂

　　每一層天堂都會帶來對神聖生命的新啟示。隨著靈魂從精神乙太亞畢業升到光的國度，一個新的世界就敞開了。光的國度比精神乙太亞更為廣闊。在這層天堂的世界裡，一種杏色的乙太光彌漫在氣氛中。生活前進的節奏加快了。你們會發現自己精神氣質的新涵蓋面，你們的品性和才能展現得愈發多起來。生活在光的國度中和在精神乙太時一樣美好，但更勝一籌。你們對自然的體驗，你們對精神管理層和對上帝的理解繼續加深。在進化到這個發展水準上，進入天堂的靈魂繼續他們在地球塵世中的肉身輪回，當這些經歷接近頂點時，他們便完成了某些最大的精神跨越，因而他們的天資就會惠及到社會的各個方面。

　　顧名思義，聖光從天堂的起源到這一層天堂聚匯並經安排，投射到精神乙太亞，從那裡，再到我們生活的塵世。關於聖光到底是什麼以及如何掌握這種力量，是有高深的教育課程的。在光的國度中，你們會真正來體驗聖光和意識是如何攜手同行的。這就以多種新的方式，來打開體驗意識的這扇大門了。例如，形而上學有一個原則是：你們關注的地方就是你們所到之處。這意味著，在某一時刻，無論你們身處何方，如果你們的注意力到了別處，你們意識的一部分便與你們注意力的所在相連。例如，你們坐在家裡的椅子上在閱讀這本書的時，想到你們最喜歡的海灘或森林，你們的部分意識實際上便會到那個地方。

　　在光的國度中，這種“引導你們的意識”到你們身處以外的表現，又有了新意。例如，你們想與光之國度的某位聯繫，但你們的天堂形體卻不能載你們去。你們可以把你們的意識導向對方，如果對方想要回應，就會把他們的意識導回來。然後你們雙方可以將“意識融合”成一體，互動交流，如同你們雙方真的會面一樣。這是一種非常奇妙體驗，它改變了你們對空間和距離的看法。你們會意識到天使和大天使為什麼可以為人類做這麼多，就在於他們深厚的技能底蘊，他們運用意識，甚至可以在非常遙遠的地方支持你們。

　　在光的國度中，你們也發展了第二層天堂的完美——永恆生命的完美。就像一層面紗被揭開，你們可以看到周圍的一切都是那麼的生機盎然。你們會明白永恆本身的廣袤，明白這萬有的浩瀚。你們會學到怎樣與生命永恆的脈動協調一致。你們對生命的慈悲會覺醒到空前最深刻的程度，因為不只是你們無始亦無終；眾生萬物皆是如此。生命本身就是既無起始，也無終了。這些經歷簡直令人激動到無以復加。你們對各種形式的生命的尊重有了極大的增加。在這個天堂的世界裡，你們得以瞭解，對所有生命的源泉的更深層次的啟示——萬有的未知之根。作為一個不朽的靈魂，當你們在精神乙太亞中經歷永恆時，此刻你們體會到自己是生命海洋中的“獨一無二的一滴”。

　　在這個神聖的國度裡，你們的天堂形體比你們曾居住在精神乙太亞時的，更為壯美和強大。你們在光國的形體裡，你們會加深對上帝和上帝的國度的理解和覺知。如此多的時間和能量一直以來都指向天堂，以喚醒內在的精神力量和潛在的才能。現在你已經覺醒並在表達這些力量，到時間要把注意力集中在最終目標上了。自從你們開始精神攀登以來，這是你們首次得到關於上帝的國度的最清晰畫面。現在你們就目光甚至投向了七層天堂之外。你們收到了視覺異象並有了觸及你們靈魂最深處的理解。在此一切背後的某個地方，是對你們對自己起源的記憶和熟悉。從未經歷過的，對上帝的愛被喚醒了。

　　在光的國度裡有十二大部分。它們代表了神聖生命的十二個屬性，靈魂必須體現出來才能通過第二層天堂。這些屬性在地球塵世中的反映就是文明的多種文化。在我們的許多輪回轉世中，我們體驗和表達了所有這些文化屬性，並發展了它們所體現的神聖力量。這就是為什麼禮待和尊重地球上的各種文化以及屬於它們的人民是如此重要。它們是神聖生命的織構組成。在第二層天堂，有著種類繁多的人類表達。在這裡，你可以體驗到十二種文化屬性的本質，因為這是它們表達的起源。

　　當你們在光的國度中達到精神的成熟時，你們就獲得了第二層天堂的覺悟。即此你們就準備好，要進入贏得生命的王冠的第三層天堂了。

創造的國度——第三層天堂

　　從這個領域投入肉身的人類靈魂在塵世間的經驗已經完全成熟，並為社會做出了重大的貢獻。地球上最偉大的精神教師、藝術家、科學家、發明家和政治領袖都是從創造的國度投身而來的。

　　顧名思義，創造的國度是一個創造力非凡之地。在這個天堂王國的氣氛中彌漫著一種輕盈縹緲的多色光。地形、風景和建築的內在都含有生命。這裡有文明，但它具有了新的品質。被反映在地球的各種文化，均來自光的國度，這些美麗的文化，反映在地球塵世的各種文化中，在第三層天堂裡，它們如百川灌河，彙集成一體。在創造的國度中，文化並非我們所想。第三層天堂的靈魂已經掌握了他們所代表的文化的影響和其神聖的屬性，現在他們把這些力量融為一體了。雖然光的國度裡靈魂有千差萬別，但在創造的國度，所有靈魂都要與上帝合二為一。無論是合作，還是統一的思想，或目的都是一個，就是使你們比以往任何時候都更接近你們在光明中的兄弟姐妹。

　　就是在這個領域裡，從上帝的國度下來嬰兒的靈魂被帶來，為他們即將開始的進化過程做準備。發達靈魂向上升，嬰兒靈魂往下降，這種浮來暫去的景象是很美妙的。在這裡，我們瞭解到，上帝不只是生育了屬於我們自己這一波的靈魂"生命浪潮"；有在我們之前誕生過人類的生命浪潮，在我們之後，人類生命的浪潮還會繼續誕生。年輕和年長的靈魂都投身於地球塵世，在神聖的計畫中扮演各自的角色。沒有誰比誰更好之分；各自都處在不同的進化水準上，這都取決於它開始精神朝聖的時間。它們都是同樣的珍貴，在它們的輝光框架中就留有它們降生到進化過程的精神記號。在創造的國度裡，這些各有不同的進化流經"分門別類"被整理出來。

在創造的國度中，有許多非凡的經歷會讓人拭目以待。就像在所有層次的天堂中一樣，這裡有一個"中心太陽"。整個宇宙中都能找到中心太陽，它們相互匹配，是形成有序和諧的宇宙體系的能量支柱。它們是生命的各個維度——精神層面和物質層面——獲取支持的天體樞紐。即使是我們自己所在的物理太陽系的太陽也受到隱藏的中央太陽的支持。在物質生命中，太陽是由物理物質構成的，它發出光和熱，維持物質生命。同樣的法則也適用於精神領域。星光世界中，那裡有一個星光太陽照射星光行星；在因果世界中，有因果太陽，如此等等。

然而，為創造的國度提供照明和滋養的太陽，其天體的組成物質卻不同于第三層天堂的物質。它是由一種原始的、神聖的物質組成的，它所提供的不止是熱和光。它放射出巨大的精神力量，為進化過程和許多發展中的精神活動提供動力。只是到了這個中心太陽的面前，就讓人覺得好像處於創造的中心。我有幸曾到過創造的國度，看見了它的中心太陽。這個太陽與眾不同。耀眼的光和能量從中流出。我可以直視這個太陽而不傷到我的眼睛，看到了它發出的天體火焰。

第三層天堂的一個關鍵主題就是"精神之火"。我們認為對火的利用是文明生活的最初標誌之一。我們知道它對地球上的生命有多麼重要。在創造的國度中，你們對火的體驗則是一種新的方式。外在的火是創造性精神之火的反映——不燃燒的火。你們會意識到這創造之火存於你們的內在。然而，就像任何的火一樣，它也必須要有照料。內在的創造之火可以因灰心和濫用而減弱，但永遠不會熄滅。在這個領域，你們會發現創造精神的永恆脈動，就是這種精神使宇宙誕生。它亦流經整個宇宙，因為萬物皆充滿創造力。

在創造的國度中，你們發展了第三種完美——創造精神的完美。這種創造精神的表達有時被稱為"東方三術士的禮物"。《術士》一詞是波斯語，指的是拜火教祭司，他們被認為具有超自然的力量。在古代，祭司被認為是在行神跡。從形而上學的觀點來看，術士的天賦指的是使某人有意識地利用神聖的力量服事上帝的實踐。這些不是神跡，而是宇宙法則在高層次上運作的表現，反映了對精神的理解，它是如何在影響所有的物理和精神層面上所表達的生活。那些利用這些力量行善的人會做一些令人稱奇的事情。巨大的神秘力量是在第三層天堂中得到發展的。

你們在通過第三層天堂的進化過程裡，會體驗到創造精神的源泉，是生命的一部分，也是你們的一部分。在你們培養這些精神之火的期間，真相、認識、智慧和愛就找到了新的表達。你們要經過測試，以確保不會犯致命的錯誤，將獲取那些力量歸功於自己個人，要使你們認識到，你們不是那些力量的源頭，而是它們的載體。因為你們仍然是在地球輪回的靈魂，你們的工作就是運用這些神聖的力量，並在塵世生活中表現它們。這裡強調的是保持創造性，以及表達創造力，從中獲得快樂的重要性。你們正在學習利用生命內在的永恆原則，並把這些原則帶入外部的表現之中。這些神秘的力量是這層天堂要經歷的一部分，當你們掌握了它們，你們就獲得了第三層天堂的覺悟。

　　創造王國的成就的頂峰是就贏得生命的王冠。這頂王冠的授予不是仰仗征服土地和人民，而是憑藉展現內在的生命力量。這個王冠不能靠篡奪或偷竊到手。你們要通過自己的努力、犧牲、愛和服務來贏得它。當你們贏得生命的王冠時，你們就會"擺脫必然之輪"。在經歷了生命的許多領域，歷經了無數的跌宕起伏，功過得失，風險和成就之後，這是漫長的朝聖之旅的最後一章了。你們現在已經完成了你們的肉體生命輪回，在地球上留下了不可磨滅的印記。生命的王冠會引導你們進入更高的諸層天堂和尚未展現的榮耀。

第十一章　　更高層的天堂和天界的實驗室

一個人只有通過謙恭之門才能上升到精神的多層高度。

—— 魯道夫·斯坦納

超越首三層天堂就是四層更高的天堂以及有序和諧的蒼宇。在更高層的天堂，我們體驗到的創造方式會使科幻故事相形見絀。你正在踏入和諧有序的宇宙，和它眾多的恒星、行星和衛星，這個系統十分壯觀。你們要達到人類在物理地球上的成就的頂峰，才能取得資格進入這些領域。然而，你們仍然是人類，但處於其最高尚的表現之中。當你們愈加接近神聖的源頭時，你們作為人類的經歷就會出現新的方式了。

我不大願意寫更高的層天堂領域，擔心聽起來會匪夷所思。此外，在書寫第三層天堂之上的領域時還有一個根本的挑戰，因為，不管你們可能讀到或聽到什麼，地球上的人類靈魂在精神上夠多麼發達，他們所能經歷的都是有限的。我對這些領域的分享有一部分是基於我的經歷，但在很大程度上是基於神的啟示。唯一能接近於表達這些領域的奇觀的詞是，“難以置信”。

在我們開始探索之前，我想要問一個問題：如果取得資格到更高的天堂意味著完結地球上肉身輪回的過程，那麼不屬於我們美麗地球的一部分後，真實的生活又會是什麼樣子呢？你們沉浸在地球的經驗之中已有這麼漫長的時間，——做了這麼多，經歷了這麼多。最終，你們要和你們進化之旅中的這個美麗的部分最終道別，這會是什麼感覺？

聽起來也許是用詞不當，但最初的反應的確是百感交集。當你們到達更層高的天堂時，你們會為你們所取得的成就感到興奮。然而，這裡也還有一種懷舊，一種難以割捨，甚至是一種天上的愁緒。你們已不再依戀或依賴地球，但這並不意味著你們沒有感情。靈魂與地球建立了一種深厚的聯繫，但這與依戀大不相同。你們與在更高層的天堂裡的許多靈魂一樣，還將繼續以某種方式為地球服務，但這個過程不同於肉身輪回。完成塵世的輪回轉世，進入更高層的天堂，有點像離開一個充滿愛的家和童年，去找尋生活中自己的道路。你們知道你們在做正確的事情，每件都是應該做的。然而，在探索道路時，你們會體驗情緒的變化和不知所措。更偉大的職業和個人生活或許就在前面，但那個生活還沒有建立起來，你們就已經離開了你們所鍾愛的那一部分生活了。

當你們適應你們新的天堂環境時，你們在塵世輪回便成為非凡經歷的記憶——你們進化中不可磨滅的一部分，永遠留在你們的心中。現在，你們要反復仔細考慮的是最終的目的地。擺脫了塵世間的肉身輪回羈絆，就沒有其它要走的路了，只有一條道就是回家。你們的目標完全朝向了上帝。在旅途中再也沒有起起落落了。沒有回頭。只有一個方向：向上！無論要付出什麼，無論要經歷什麼考驗、磨難或關口，你們的目光都會緊盯著上帝的國度。

你們在更高層的那些天堂裡做什麼？舉其一例來說，就是你們開始參與這個規模宏大，和諧有序的宇宙進化過程了。天界實驗室是精心編排宇宙各種活動的創造領域。科學會使大家認為宇宙是隨機創造的，沒有動機或目的，而生命是有機物質的幸運巧合。當然，有自然法則在運行，但支配這些法則的是神聖的智慧。缺失了心、智力和意圖，就無從表達。有想望才能去做，有意願才能專注做到底，有創造的智力才知道怎麼做好。

在更高層的天堂裡，隨著永恆的存在顯現出來，其無可辯駁性，使創世的起源不再撲朔迷離。你們越來越多地識透萬物造化，並進入永恆。你們被介紹認識天堂存有，他們是如此的龐大，你們會感覺自己仿佛置身奧林匹亞神話中的聖者們的環境中，或是處於印度萬聖殿的三相神的氛圍裡。你們真正明白，自己是一個震古鑠今的宏偉的宇宙計畫的一部分。然而，在所有這些壯觀中，你們並未有絲毫的微不足道之感，而是覺得自己是其中固有的一份子。

專注於上帝

在更高的天堂裡，靈魂向造物主妥協了。當然，上帝一直和我們同在。精神朝聖的每一步都有上帝的參與。在達到覺悟時，靈魂喚醒了對內在上帝的體驗。它的斐然成就不僅在於其本身，亦成為攀登更高精神領域的導向指南。現在，靈魂正在為體驗上帝的榮耀做準備。更高的多層天堂的愉快、美麗、壯麗和輝煌，都沐浴在上帝的光輝之中，都為培養打造靈魂，使它最終站到造物主面前。

當我們進化到這個輝煌的階段，我們體現了神聖的生命最重要的屬性。上帝恒久如常，始終貫穿周而復始生生不息的過程。上帝就存在於你們最親密的思想和情感中。上帝總是看到你們的最高和最好的自我，因為你們是永恆的靈魂。你們越與上帝相應和，你們就越覺得自己靠近神的本性。這並非傲慢自尊，而是你們覺得自己真正像神聖父母的兒女了。在更高層的天堂裡，你們周圍的萬物眾生人都沉浸在同

樣神聖的光輝之中。當你們參與天界的進程，你們就會明白
這是對你們的訓練，造就你們成其為共創者。

　　盤點一下你們自己對上帝的理解和態度。對於一個如此
重要的話題，在歷史上關於上帝是誰和是什麼的觀點頗多。
在一些精神傳統中，上帝被視為唯一的存在：一個包羅萬象
的存在，是一切的源泉。然而，也有多神論的傳統，你有你
的神，我有我的神。在一些傳統中，上帝是最終的原則，最
終的現實。另一些人在描述上則把上帝擬人化，就像坐在寶
座上的睿智的父親或母親。人類用語言給上帝冠以許多名
字，但描述的都不是人類或是無以言表。也有通過上帝在人
類的崇高化身，如耶穌和克裡希納這樣的人物來崇拜上帝
的。甚至有一個傳統，把上帝是什麼描述成，並非通過努力
就可以理解的。有人說上帝是不可知的，上帝遙不可及，超
出我們的理解力，只能信仰。

　　我們可以研究由上帝照亮的靈魂，以及各種精神傳統所
給予的啟示，以此作為指導來深刻理解。雖然有些人能夠激
勵、教導和指導你們，但卻沒有人能向你們揭示上帝，因為
上帝不是一個辯論點或智力論述。在試圖理解這個所有原則
的原則時，你們必須使用你們的理性、智力和你們的判斷
力。同樣重要的是，你們必須運用你們的內心、直覺和你們
內在的神聖感知。神秘的生活在被看見和體驗到之前，需要
賦予它實質 substance，這就是不可動搖的信念和信仰。然
而，信念需要有理由才可阻止迷信。

　　說到底，我們每個人都必須自己給上帝下定義，我們知道，隨著我們的理解和經驗在不斷增長，我們的定義也在發展中改變。如果上帝是我們將要擁有的最親密的體驗，我們就要運用前人的智慧，以及我們自己與生俱來的感知，指導我們獲取啟迪和認識。

　　當我們對神聖智力敞開我們的心智，我們的心扉朝向無限的愛，我們便開始理解上帝。上帝不會像一個嚴厲的父母那樣"告訴你們該做什麼"。上帝向你們揭示、激勵你們和給你們力量去理解生活。對精神原則的最終理解不是靠說教；它們必須要經歷。如果你們僅按他人說的照做，則收效甚微。因為你們自己並未領會。

　　要想真正體驗上帝，你們必須與上帝保持一致。這是一種互信關係。有些人想弄明白為什麼上帝似乎並未回應他們的祈禱或是允許壞事發生。上帝聽得到每一個真誠的禱告，並不斷地在為我們的利益工作。然而，上帝必須為我們留下成長的空間。上帝不會代為我們生長；我們必須親力親為。上帝還要允許我們犯錯誤，有時是犯大錯誤，因為這是靈魂成長的方式。

　　印度詩人卡比爾在談到上帝時說：

　　要瞭解你是多麼難，要愛上你又多麼容易。我們只顧爭論不休，事情雖被看到，卻從身邊掠過。我們想要證明它，但卻把它殺死在心智的實驗室裡，可在我們靈魂的聖壇上，它仍然永遠安住。[1]

---

[1] Jn or In K:30

　　有時我們並不想接受上帝。我們認為我們可以自己解決一切問題。我們的自我可以拒絕造物主的親近、愛和無限的智慧。總有一天，生活會告訴我們，我們不可能超越我們的命運。在一段時間裡，我們可以與生命之流逆向而行，但最終我們都會遊往同一個神聖的源頭。

　　正如《博伽梵歌》所教導的那樣：

　　你是永恆、不可毀、必須知曉的。你是這個宇宙的最高的庇護者。你守護著真理和覺醒之路，始終不變。你是我認識的恒古存在。造就天地四方，獨尊時空環宇。[2]

眾神的國度——第四層天堂
（勿與上帝的國度相混淆）

　　進入眾神的國度開啟了人類靈魂在生命進化中的新篇章。眾神的國度一直都被說成是上帝本尊的國度的外庭。照管這個領域的存有在管理層中十分榮耀，他們對自己本身的感覺就是神。在精神領域裡，這些神聖的存有被稱為提婆 devas。

　　天堂存有詞素來被用來指天使和其他神聖的存有，但提婆卻是自成一體的層級。就像所有的層次結構一樣，它們具有各自不同的發展層次[3]。從我們的角度來看，他們似乎有某種冷靜客觀，不受感情影響的品質，而你們被吸引到的就

---

[2] 《博伽梵歌》第二章，第 118,20 詩節。

[3] 喬弗裡·霍德森的《眾神的王國》一書中有一些基於霍德森的神秘感覺官能所觀察到的提婆的美麗插圖。

是他們的力量、慈悲心和智慧。這些“天堂存有”都是輝煌的攝政管理者。

在到達第四層天堂時，你們已經獲得了生命的王冠，並從地球畢業，不再投入肉身了。現在，要揭示的是新的創造奇跡。聖殿依然存在，比以往更加宏偉。在這非凡之地，你們與其他升到此地人類靈魂的交往日益加深。你們分享經驗，發展新的友誼紐帶。你們花寶貴的時間和你們的靈魂伴侶在一起，並繼續發展你的才能和技能。

在這裡，你們真正地要開始參與天界造物實驗室了。這是從理解有機形式的多個精神維度開始。你們會見證有機形式是怎樣先進入精神表達，然後再穿上物理的外衣的。這些形式不僅適合你們和我，也適合在這個領域範圍內的每一種生物。你們會發現有機體的遺傳密碼在成為有機體的一部分之前很早就是一個精神藍圖。你們會更詳細地學到肉體是如何表達精神的，以及肉體的各個部分的特定精神屬性。就我在這層神聖的天堂的經歷而言，我目睹了偉大的提婆們在從事有機形式的精神原型的研究。實際上，你們在學習的是神聖的生物學。

這些原型形式是根據意識水準和進化狀態來組織的。例如，雖然人類與動物在肉體上有許多共同的品質，但它們在精神上與動物所處的國度完全不同。人類靈魂在其形式設計是不同於動物靈魂的。[4] 眾進化國度都有這一分界線，作為其所屬部分，第四層天堂是人類和各個自然國度的能量協調發生地。我們看到了各物種是如何在集體層面有一致的表達：鳥類成群遷移，魚類分類集聚，人類同有某些人類特有的集體活動。雖然本能在這些活動中起作用，但遠不至此。存在於天界的協調才是根本的，自然界任何國度中在進化中的生命都是靠它的支持。

你們在這層天堂世界經歷中有個美妙的部分，就是你們所做的工作，它是為要到地球轉世的靈魂做準備。雖說你們已經從地球畢業了，不再有肉體的輪回，你們還在幫助那些未擺脫輪回束縛的靈魂。妊娠過程所涉及的不僅是肉體，一旦肉體受孕發生後，還要給將要入住的肉體的靈魂做精神上的準備。你們所參與的工作就在那個過程。

在眾神的國度中你們發展了第四層天堂的完美——聖潔的完美。這是什麼意思呢？字典中聖潔(holy)的定義是源自"全部的(whole)"一詞，意思是"奉獻或獻身給上帝或宗教目的；神聖的"（sacred）。當重要的事或人是聖潔的時候，我們就會尊崇它。在這層天堂，我們會逐漸體現一個真理——生命的固有性質就是聖潔。在這裡，你們被應許看到視覺異象了，這讓你們得以直接體驗到生命的神聖。

---

[4] 從形而上學的角度對自然王國的詳細描述，請參閱我們的著作，《與上帝交流》。

　　從形而上學的角度來看，聖潔指的是腐敗不了。這就是說，生命在定義上，不僅是聖潔的，而且只能如此而非其它。無論我們做什麼，生命都不可能被玷污、墮落或腐敗。生命只能是生命——永恆的、周而復始生生不息的、純潔的、神聖的。然而，我們可能會問，"為什麼在這個世界上會有墮落？"有些人作惡多端。他們腐化自己，也殃及其周圍的人。我們談的是墮落和邪惡的靈魂。在此我們所用措辭必須是審慎的。當然，人們可能做一些可怕的事情。而濫用就招致其輝光的能量受到污染和破壞。但這些墮落是我們自己的行為和態度的結果；它們並不是我們自己的本質。一個形而上學的偉大奧秘之一就是，無論靈魂做什麼，它的本質依然純淨。但我們卻體驗不到，原因在於，我們用自己造成的重量和負擔掩蓋了我們對生命的聖潔性的理解。如果我們不珍視生命，我們遲早有可能朝破壞性的道上走。

　　我們在拓寬創造性時，我們的一部分工作就是努力以我們的創造反映出生命的聖潔。我們淨化不潔，使其純淨。我們要成為聖潔，在我們的創造中表達反映生命的神聖性。我們稱天使和大天使是聖者們 Holy Ones。這不僅僅是因為他們處於比我們更高的精神國度；也是因為他們的服務所具有的神性，以及他們是如何在反映生命的神性。在我們的進化過程中，我們在不同的時期會是聖人和罪人，因為我們在學習，試驗，成長，失足然後重返正路。因而對待生命，我們必需要有敬畏，即使我們周圍的人不以為然，我們也要奉行不悖。

　　當你們通過第四層天堂到達其頂峰時，你們已經義無反顧將自己奉獻給了上帝。你們所做的事無巨細，都有其內在的價值。你們已準備就緒，要更堅定不移地服事上帝，當你們進化到第五層天堂世界時，你們將會得到這個機會。

內在之光的國度——第五層天堂

　　當靈魂進入內在之光的國度時，它進入了一個難以描述的進化階段。生命進入了一個更加輝煌和優雅的神聖之處。你們會與更加偉岸巨大的天堂存有合作並參與精神過程的交互。

　　在第五層天堂，你們將體驗行星過程在精神和物理領域，是如何開始的。行星的精神定義是進化的場地。它們是劃定用於精神成長的專用空間區域。你們會驚訝到，宇宙是多麼的生機盎然，以及對於行星的工作量有多大。行星的誕生，進化的成長階段，以及最終在其精神週期終結時的死亡都是由天堂存有來指導的。行星各有其的神聖屬性、專長和目的。有一些精神行星完全致力於愛、創造性、智慧，等等。當你們造訪這些行星系統時，它們的宏偉簡直讓你們無言以對。

　　更為令人震驚的是，建立和管理著這些系統的是天堂智慧。你們現在會遇到所謂的“行星神靈”，他們的工作是協調各個不同的進化流，使其共同運作。這些存有的輝光都可以具體表現出某一整個星球。你們還會意識到幾乎讓人無法理解之事，這就是，我們所在的行星地球有它自己的充滿愛心的行星精神來引導它。你們可以說，這個行星神靈看管著所有與地球相連的進化國度，從微生物到植物、動物、人類，再到天使、大天使和其他偉大的天堂存有們，協調這些國度，使其共同運作。我們大家在生命鏈中都是聯動的，因為我們都在神聖的計畫的集體中扮演某個角色。這種互動協同是在內在之光的國度裡來管理的。

通過所有這些經歷和啟示，使你們對自己的才能和創造力獲得了更多的信心，因為你們對宇宙中有多少創造力有了更加深刻的瞭解。

在這層天堂裡，你們發展第五層天堂的完美——服務的完美。地球上的捐贈和慈善工作在精神上得到了第五層天堂的大量啟迪和強力支持。服務的完美是"給予的法則"。精神的本質就是給予。肉體的生命完全依賴於精神的生命而生存。精神給予；肉體取得。你們體驗到這種精神的給予是所有生命中所固有的，但對所有人而言，表達無私的服務卻不可一概而論，因為有自由意志存在。一個人必須是出於愛而選擇去付出，而非因強迫或壓制而行。大天使路西法的故事說的是他墮落成為撒旦，是因為他拒絕服事上帝，而想自立為神。這個故事揭示了，無論你們的精神發展到什麼程度，你們都不能忽視做服務。

當你們攀登到第五層天堂的頂峰時，你們生來註定要成為的神聖存有的許多方面業已具備。你們與無限的生命相應和，並沉浸在神聖的當下之中。當你們為第六層天堂做好準備時，你們將以更美麗和偉大的方式，繼續你們一直在做的工作。

精神之光的國度——第六層天堂

———

當靈魂升到第六層天堂時，精神的榮耀喚起了新的啟示。具備了五層天堂的完美，你們對自己所能做的事情越發自信。在這個領域裡，你們與天使和大天使之間的共事更加深化了。他們的支持一向如此，不可或缺。如果沒有他們堅定不移的幫助，你們是不可能達到這一步的。你們對精神管理層的瞭解逐漸增加，它們表現的奇妙和神秘之處也隨之更多。你們和同為人類的旅伴之間的關係更加成熟。人類的經歷持續不斷，美好而壯麗，讓你們驚歎不已。

在這層天堂裡，愛的力量成為了一個高於一切的主題。你們比以往任何時候都更能認識到，愛的多樣性是無止境的，它是創造的驅動力。愛就是生命本身，在這裡，你們比以往任何時候都更享受生活。你們對下一次精神探險更是迫不及待。

現在你們要深入探究天體實驗室的更為宏觀的方方面面。你們會知道精神和物質的眾多的太陽是如何被創造出來的。在這些太陽的後面是偉大的中央太陽。這些太陽發射出巨大的精神能量。在天使和大天使的支持下，你們與天堂存有們共事，他們是如此的威嚴，其身軀簡直是頂天立地，高大得不可思議。這些偉大存有們被稱為太陽系邏各斯——他們是各自太陽系的攝政管理者！主管各行星的神靈也要接受所在太陽系的邏各斯指示。通過太陽系邏各斯的綜合協調努力，太陽、恒星、行星和衛星在物理和精神層面上其能量和節奏都是相互關聯的。在各太陽系中茁壯成長的無數進化生

命的國度都會得到來自所在太陽系的邏各斯的愛和支持。第
六層天堂在幫助協調這許多領域之間的相互作用。

　　這層天堂的名字——精神之光的國度——指的是太陽系
邏各斯所體現的力量和神秘。他們的精神之光，有時被稱為
以羅欣 Elohim，激發創造的驅動力。神秘主義者和具有超
覺天賦的傑佛瑞·霍德森完美地表達了這些存有的威嚴：

　　太陽系的邏各斯在他的整個太陽系中都是無所不在和無
所不知的……邏各斯是不可估量的力量、智慧、愛、美、秩
序、榮耀、知識……太陽是他物理表現的首腦，而整個可見
的太陽系都是他的物理身體……太陽系的邏各斯也是無以倫
比的……執掌著他的系統……這個至高無上的存在被稱為最
威嚴的和至高無上的生命之主，生命和榮耀之主……不朽的
內在世界統治者。[5]

　　在這層天堂裡，你們發展了無限精神的完美。精神的神
秘在這兒被揭示出來。至此，你們已經體驗了精神與靈魂的
深切聯繫，精神與靈魂的神秘聯姻，把你們引入天堂諸世
界。現在，對精神生命的更深層次的理解浮現出來，它也包
括你們人類的意識是如何成為精神本身的一個方面。當你們
從上帝那裡誕生時，你們不朽的靈魂便穿上了人類的意識的
外衣。在你們的整個進化過程中，你們都將是人類，但你們
的人類經歷確實有一個開始、中途和終結。你們的靈魂則永
遠活著，你們的靈魂也並非永遠處在人類的意識中。有一

[5] 基本的神智學：《活著的智慧》，第 452-454 頁

天，你們的人類的經歷將結束，你們就將進入一個更高的意
識狀態。所以，正是在這層天堂，你們終於大功告成，從人
類必經的局限性中解放出來。

七靈的國度——第七層天堂

第七層天堂督導和調節宇宙的秩序和所有各層天堂的活
動，以及地球上的生命。它是通往上帝的國度的大門。關於
七層天堂有很多記載，有些人把它等同於上帝的國度。儘管
這個國度很宏偉，但它仍然不是家的所在。

七靈的國度最重要的活動之一就是，組織和配發那些用
以引導和指示生命進化的強力精神射線。這些強大的力量被
稱為"生命的七條射線"。神秘主義者愛麗絲·貝利 Alice
Bailey 寫了很多關於這七條射線的文章。它們是進化計畫
的能量基礎。它們流入生命顯化的各個方面。七條射線通過
其層級結構發光，天使和大天使所具有的強大力量亦是由此
賦予。雖然這七條射線的源頭高於第七層天堂，但這些神聖
的力量是由這層天堂來管理的。

在第七層天堂，你們把你們所學和經歷的一切整合成一
體。整個力量太強大了；你們的成就碩果累累。在第七層天
堂，你們還要體驗到另一級精神存在——上帝寶座前的七
靈。他們是這個天堂領域的攝政管理者。七靈中的每位都各
代表生命的七條射線之一。當你們在進化中，穿過第七層天
堂時，你們會從這七條射線中逐個獲取這些神聖的力量，這
是進入上帝的國度所必需的。

在這個天堂裡，你們發展第七層天堂的完美——謙恭的完美。當你們上升到這層天堂的高度時，就會有感人至深的表現，證明謙恭是基石。謙恭常被誤解和錯認為不甚重要。然而，如果我們都是神聖的計畫所必需的，怎麼會有誰是不重要的呢？從精神的角度來看，謙恭意味著知道你們在宇宙的生命秩序中的位置。生命是有層級設計的，是按照意識的不同水準來安排的。變形蟲和大天使都是相同的不朽生命火花，但大天使擁有發達得多的意識水準。然而，兩者在神聖的計畫中的位置都必不可少。

我們經常落入人格自我 ego 的陷阱。我們誇大，抑或低估我們的重要性。我們時而會目中無人，時而亦會看輕自己。當我們如此行事時，我們表達的並非是謙恭的品質，而是偏離了精神的正道。人類所犯下的第一個大錯據說就是驕傲。這是當我們對自己的那些成就沾沾自喜之時，卻並不明白它們從何而來。當然，我們要認可我們自己的努力，但我們需要以正確視角來看待。使所有的成功成為可能的是，存於我們內在的神聖。當我們自恃驕傲，將功勞歸於自己時，我們就切斷了我們自己的神聖的來源。

路上總有人走在你前面，有些人落在你後面。一如"生命所渴求"中的完美表達：

如果你總與他人攀比，你將變得虛榮和憤懣，因為總有人比你好，也有人比你糟。

在古羅馬的日子裡，當某位凱旋而歸的將軍駕著他的戰車，將金冠舉過頭頂，遊行穿過城市，歡慶勝利時，在整個行進的過程中，總有一個奴隸在他身後不斷低語，"記住，你是凡人"這是在提醒英雄，所有的勝利都是轉瞬即逝的。

你們的才能和成就的產生是基於你們的不懈努力，但它們不屬於你們自己。它們是流經你們生命的榮耀。你們不得據為己有。如果你們將光榮歸於自己，你們就切斷了自己與生命之樹的聯繫，你們的勝利將會轉瞬即逝。榮耀上帝，從事關於生命的工作，生命的榮耀就流經你們。謙恭是最偉大的美德之一，因為它永遠將你們與神聖的源頭相連。

在第七層天堂，你們積累了需要在上帝的國度中發揮的精神能量，這些能量將用於表達共同創造的才能。你們的精神訓練和你們所經歷的朝聖正接近巔峰時刻。雖然你們的成就燦爛輝煌，你們在上帝面前卻謙恭自知，在精神上，有一種你們從未有感受過的至深寧靜縈繞著你們。你們已經準備好回家了。

第十二章　　從天堂到上帝——回家

有一道河。它的涓涓細流，使上帝之城歡喜。這城就是

至高者居住的聖所。

——《聖經》舊約--詩篇 46:4

　　在談到上帝的國度——生命的源頭和源泉時，我們必須謙恭地放下筆。靠一本書所的描述來瞭解這個國度，是遠遠不及的，但是，我們還是讓神聖的靈感來引導我們，開始我們對回歸家園的領會和認識。

　　儘管我們所探索的精神領域非常廣闊，但它們都包含在上帝的國度之內。正如先知穆罕默德在他的夜行諸天堂（night journey to the heavens）的故事中所描述的，“當我凝視上帝的寶座時，祂所造化的萬物都不可與之比擬了。”[1]上帝的國度是一切創造的源頭。生命的所有細流，人類和萬物的各層次，都從這個領域汲取他們的精神營養。

　　當你們進了家門，你們就到了愛的中心。你們是浪跡天涯的子女，回到父母的家中。你們發現自己所處的環境只能用君臨天下，高貴典雅，和金碧輝煌來描述。這裡有極受尊崇的大廳，莊嚴的宮殿，和諸多神聖領域。自然法則在它們的原始狀態中流動，你們體驗的是自然的聖所。

　　所有各層級歡聚一堂。有天堂的攝政者和各級管理層，他們都是上帝屬下的永生閣僚。創世的最初各種原始設計作品，包括人類和人類文明的設計作品，以及總建築師都在這裡。你們處在生命的源泉，聖中之聖，創造力自此發出，聖光自此發出，精神基調自此發出，而且神聖的智能和上帝之愛也是自此發出。

　　你們居住在這個國度裡所使用的載體是你們迄今擁有的最為榮耀的天堂形體。這是你們在離開上帝的國度開始朝聖

---

[1] 穆罕默德的夜遊，原始版本

之前的載體。它一直等待著你們的歸來，在旅程中支持你們，無論你們的路到何方，都把你們與家相連。你們通過千辛萬苦努力獲取的七層完美，屢次覺悟、眾多才能、與精神的結合，現在都以數不勝數的方式得到回報。你們意識到你們在精神上升中的每一步都是必須的，才使你們成為這個國度的公民。你們現在明白了為什麼這個過程如此漫長，你們得遭受痛苦，並犯下許多錯誤。過去所有難以理解的事情現在都已明白了。你們所夢想的這一刻，現在就在你們這裡。有一種內在的創造之歌是這樣唱的。你們就在你們所經歷過的最美麗、最充滿愛的地方。

你們和你們的靈魂伴侶一同回到家——你們生命的愛。上帝把你們結成伴是為了在朝聖中你們能互相照應，不會孤單。你們在這次偉大的歷險中相親相愛，守望相助。你們同甘共苦，共渡艱險，共慶勝利。現在，朝聖之旅即將結束，你們相伴的週期也圓滿完成了。你們明白與上帝的結合就意味著你們作為靈魂伴侶關係的結束。即便到了這兒，還是會有一絲悲傷，因為你們知道還有其他的經歷，其他的靈魂，和其他的歷險要繼續。你們註定要去體驗與其他同行們的情誼和關係。當然，你們對彼此的愛將永遠存在，但這個結合週期已經完結了。你們在經歷一種告別的同時，也在為最終的榮耀做準備。

與上帝的團聚

一旦適應了這個神聖的地方，你們就準備要去朝見上帝的偉大時刻。天使和大天使與你們同行，給予你們支持。首先，你們被領進被稱為上帝的寶座殿的地方。這是一個術語，指的是一個你們可以直接與神明接觸的劃定的空間區域——一個上帝的一部分可以降臨到你們身上的地方。據說寶座的顏色是一種美麗的寶石綠，表示平衡與和諧。這寶座就像一個輪子的輪轂；我們一直以來所接受的一切聖光都來自上帝的寶座。

你們和其他許多來者一起進入了寶座的外聖殿，他們都是你們這一波生命浪潮的一部分，都和你們一樣達到了終極狀態。現在你們又一起回來共用榮耀了。他們是你們在光明中的兄弟姐妹。在這個寶座的外聖殿，在禱告、敬拜和吟唱的是一眾創世神 celestial hosts。你們也加入到吟唱之中。從這一刻起，這首歌將就永遠留在你們的心中：這是上帝的歌。

當你們站在上帝的寶座前時，就是整個朝聖中所有時刻的最終時刻，所有目標的最終目標，所有高潮的最終高潮。然後，上帝的一部分降臨到你們身上，你們就看到了終極。這種親密的，與上帝的一對一的體驗最初並不是感知或心智的，即使你們當時與上帝的心智在一起，而且它的靈感在流動。雖然你們並未見到或聽到上帝，但你們的天堂感官卻非常警覺。你們體驗了上帝臨在的榮耀，以及上帝和生命的存在性質。這是愛之永恆，通過愛，內在的真實意識和本質被傳達給你們，而且你們也與之交流。一種與神明的新型關係誕生了，永遠地鐫刻在你們的靈魂上。上帝的擁抱把你們的全部包覆其內。無窮盡的奧秘被揭開了。這是你們生命中至高無上的時刻。

　　當你們適應了這個崇高的時刻，你們會更深入地探索並融入上帝的心智。正如上帝所描述的那樣，你們體驗了造物主的心智運作（在人類意識所允許的範圍內）。這將導致你們對上帝有一種感覺上的體驗。你們看到的是視覺的來源，聽到的是聽力的來源。光、聲和形式融合在一起，是一個統一的整體。通過這種上帝的心智和心的融合，一個意識的秘密被顯露出來。你們的精神上升是一個意識的旅程，它把你們帶到了這個最終的理解。

　　當你們完成了無以言表的事物，你們就意識到你們從來都是上帝的一部分，但現在卻以一種更加有意識和直接的方式。這種臨在永遠不會離開你們，即使在你們離開了寶座聖殿之後。無論你們去哪裡，無論你們做什麼，這個臨在依然保持。你們"見到了"上帝。你們是受膏者。上帝的標誌被印在你的輝光裡。創造中不管你們在去哪裡服事；你們已經獲得了作為人類的榮耀，以上帝的形象和肖像被造出的榮耀。

　　此後，你們離開寶座聖殿，去盡情享受你們所經歷的天堂之美。你們還要重回這個寶座聖殿，以更進一步加深你們對上帝的體驗。與上帝的這次團聚完成了精神上升，回到家了。然而，你們的人類經歷還遠未結束。你們在天堂受了膏，你們現在是上帝一起的共同創造者。作為一個共同創造者，你們將開始一個新的服事階段。你們將在更深刻的方面體驗到上帝的心智和心，以及新維度的聖光。可能性的極限是無窮盡的。

與來自上帝國度的靈魂共事

能用超覺天賦與來自上帝國度的人類靈魂共事是一種極大的榮耀。他們對我們在此塵世間的生活起到重要作用。這些年來，和我一起工作的這些靈魂有許多。他們是長生不老的，他們已經看到了上帝的榮耀，並圓滿實現了其人類的潛力。他們已經走過了我們現在正在走的精神道路，並且已經達到了我們正在努力達到的精神頂峰。他們的完美令人鼓舞，但當你們意識到，你們的精神旅程中還有多長的路要走時，又可能心生畏懼。

當我上課的時候，我能用超覺天賦看到聖者在給學生們做工作，縱然學生們在意識上對正在發生的事毫無覺察。有堂課令我難以忘卻，聽我課的有一個對形而上學全然不知的學生。他對學習精神生活很感興趣，但對上帝的課題難以接受。他在成長的宗教環境中曾有過不好的經歷，因而抗拒任何聽來疑似宗教的事。在這堂課中，一個光彩奪目的存有走進了教室。她容貌精緻姣好，身著粉藍色的長袍，散發著非凡的、燦爛的聖光。

當我調諧到她的輝光時，我看到了上帝神聖的簽名。我知道這是一個來自上帝國度的人類靈魂。她一邊在給所有的學生加持，一邊專注於幫助那個難以接受上帝的人。她靠近他，向其心輪發出精神之光。他並未覺察到正在發生的事。我什麼也沒說，但很清楚他當時對光是有感覺的。她呆了一會兒，然後優雅地離開了。這標誌著這是他的一個轉捩點。在接下來的幾個星期和幾個月裡，他的態度發生了轉變。他開始將他過去的痛苦經歷與他逐漸呈現的精神力量區別開來，並開始重新對上帝做出自己的定義。

同化吸收與偉大的重生

終極是什麼？你們在上帝的國度裡是上帝的共創者，其服事年代悠久得無從考證，當你們的服事完成後，上帝會引導你們回到你們作為人類靈魂出生之前的源頭——存在的未知根源。這個宇宙的故事走了一圈，從起點又回到了原點。你們被重新吸入生命的海洋中安息和同化吸收，最終，再為另一個宇宙日做準備，另一次朝聖，在存在的一個更高水準上。印度教的神秘傳統將這種休息時間稱為壞滅 Pralaya 或消亡 dissolution。然而，這並不是一種陷入虛無的狀態的消亡。你們的靈魂——個性化的生命火花就是你們——在生命的活動中進入安息期依舊繼續存在。

在壞滅的那一段看似無窮無盡的時間 eternity 裡，靈魂在其中休息，補充了自己，吸收了它所經歷的一切，然後，它將準備好再次誕生，重現宇宙。這是一個將重新開始的週期，但不是在人類的意識之中。我們的靈魂最終將在一種更高的意識狀態中重生，並將其在人類朝聖中積累的一切帶入我們的一種全新的探險之中。在意識中，這被叫做天使的探險。新地平線在永恆中等待，有新的奇跡要看。我們將發現新的生活、愛和創造的方式。生命的榮耀將揭示更深的謎團並去解決。

為這榮耀的道路讚美上帝，讚美生命，讚美一切美好的事。你們是這個不朽的過程的一部分。盡你們所能，去過神聖、聖潔、高貴的生活。它會把你們引向數不盡的榮耀。

第三部分

道路上的陷阱

第十三章　你們的上升不是一條一直向上的直線

如果你不知道你要去哪裡，任何一條路都可以帶你

去那裡。

——《愛麗絲夢遊仙境》

　　當你們攀登精神的階梯時，都希望上升是順利而穩定的。但情況往往是，靈魂在精神上進步的同時，通過生活的各個維度上進化。然而，有些時候，靈魂抗拒神聖的脈動，結果是喪失而並非獲得精神的基礎。我們都有些進展順利的往世，但也有些往世過得並不好。在這個成長過程中，這是不可避免的一部分。你們的上升的走勢看起來有點像上下起伏的股票市場曲線圖。這種情況會持續一段時間，直到靈魂全心投入精神的上升，為成長到天堂諸世界而不懈地努力進取。

　　在這一部分中，我們將看看是什麼能把你們拋離精神成長，當你們失去精神基礎時會發生什麼，以及你們終究如何恢復你們的精神傳承。

　　每當我們開始投入肉身進入塵世生活，我們的肉身就在某個精神的層面上振動，該層面與我們已經探索並掙得的精神維度相一致。例如，一個靈魂的肉身振動處在星光第四層面的第六次層面上。當該靈魂達到了它的目的和潛力時，它的本次肉身輪回就完成了，它所獲得的精神力量就比剛進入肉身時增加了。這便使該靈魂在精神上有了進化。但是，如果一個靈魂給自己和他人的生活造成了心痛和不幸，它可能會無意中倒退，失去足夠的精神力量，結束那一輩子時的精神水準比出生時還要低。

　　有些人比其他人更能配合這個計畫。更有甚者，並不稱言自己有精神信仰，卻擁有高尚的精神，因為他們誠實正直，將真理貫穿於生活。還有些人是精神利己主義者，就因為他們獲得了一些精神知識，便自恃清高，並非身體力行。具有諷刺意味的是，這些靈魂在精神上倒無所進步。任何輪回的塵世生活目標都是在意識上有意願地追求精神道路，並且對於真理，要知行合一。你們不是被迫走上精神的道路；而是自行選擇要做。

有什麼能使你們偏離精神道路？

總而言之，當你們嚴重違反精神法則時，你們就會偏離精神道路。大家可能並非總是在意識上覺察到這些法律，但我們所有人都受到它們的約束。精神法則既非專斷又非生造；它們不偏不倚，獨立存在。違反這些法則，我們就雜亂無序，直至我們學習並糾正這些錯誤。在輝光中，違反了某個精神法則是清晰可見的。任何在輝光中造成無明能量的思想、情感、行動或話語都是破壞性的，都有悖於精神法則。

有時候，我們想要為錯誤做出合理解釋，因為我們想繼續如此。也許我們喜歡我們的所作所為，並不想停下來。然而，我們都受到同樣的生命法則約束。作為精神上進者，你們想要知道真相。你們想要瞭解你們的行動的動機。你們想把事情看清楚，不因你們自己的看法而戴上有色眼鏡。即使實情一開始令人感到刺痛，這只是暫時的。真理會讓你踏上往上攀登的回家之路。所以，無論對錯，要為自己的行為負責。

以下情況會導致靈魂失去精神力量，並可能退化：

1. 造成輝光中無明的能量的行為。

2. 造成無明的能量和破壞性的業力的先決條件的行為。

3. 造成無明的能量和業力的先決條件的行為。

　　我們都會犯錯誤。沒有完美無缺的人，我們大多數人的輝光裡的色彩都是光明和無明的兼而有之。這並不意味著涉此現象者在退化。例如，如果某人非常生氣，他的輝光環中就產生一種被污染的紅色能量。用超覺天賦看到的這種顏色並不漂亮。它確實會導致那個人失去寶貴的光，但這並不意味著他們正在退化。這只是意味著他們必須消除憤怒，釋放消極的能量。

　　造成破壞性業力的先決條件的行為是各有不同的。這種情況出現於，發起破壞性行為的效果要待日後才能感覺到。例如，假設某個人在一段愛情關係中表現得卑鄙無恥，並傷害到他人的感情。也許他們長相好看，或者社會地位優越，他們對人的傷害行為好像會“逃過劫數”。由於當事者對自己劣跡的後果並未立即感覺到，所以他們的行為照舊。這不僅在輝光中產生負能量，而且也對生命的織構造成破壞性的效應。多年後，他們發現自己所處的境遇大不相同了。也許他們什麼好看的容顏已經逝去，或者優越的社會地位不復存在。現在，他們可能真心在尋找浪漫的愛情——甚至是渴望得到它——但卻無處可尋。這裡呈現的可能是一種業力的先決條件，用來教育靈魂愛和感情的價值。

　　導致靈魂退化的行為會把破壞性的結果推到更極端。一般來說，故意的、累積的和持續的負面行為，時間長了螺旋形地向下滑落就會開始，特別是在對該行為毫無認識或無所悔悟的情況下。在這些情況下，破壞性的行為會導致當事者不斷地失去精神之光。如果沒有所需的精神力量，這個人就會失去精神基礎。偏離道路並非易事；它必須要具備長期如

此地，頑固不化和背道而馳。通常，單一的破壞性行為所丟
失的精神之光不足以引起退化，除非是罪大惡極。例如，那
些犯下冷血謀殺的罪犯，就會開始退化的過程，特別是如果
他們不思悔改，拒不贖罪。

　　好在，我們穩定發展的往世比誤入歧途的往世要多得
多。問題是，一旦我們的精神基礎確實失去後，要恢復是需
要用時間的。這些情況可能很殘酷，比如暴君或任何行業的
黑首領，他們多行不義，行兇殺人，諸如此類等等。那些較
為輕微的精神墮落者的自我救贖會更快些。不管怎樣，關鍵
是輝光是否達到了一個"量變到質變的分界點"，一旦到
了，退化的態勢便形成了。

恢復你們的精神傳承

　　不管靈魂跌落得有多麼深，都沒有永恆的詛咒。雖然靈
魂可能做了可怕的事，但它仍然是那個永恆的靈魂。不管某
些行為錯得有多深，或是有多邪惡，靈魂的核心依然完好無
缺。與生俱來的神性和善良一直在那裡，即使被隱蔽了一段
時間。因為這種固有的善良，即使需要很長時間才能到達那
裡，所有的靈魂最終都會回歸光明。

　　這就是慈悲的本質：能夠在你們和你們周圍的人內心看
到神聖的火花，無論他們身裹怎樣的皮囊。縱然令人不安的
是，一個人真會在一輩子就失去如此多的光，好在喪失的並
非是一切。在一個靈魂跌落後的某個時刻，它會"醒來"面
對真相，並開始了緩慢地，有時是還是痛苦的過程，去追溯
它的足跡，索回失去的精神基礎。這是重返聖光照耀下的救

贖過程。當它再次開始進化的升程時，靈魂從它的精神傳承中吸取力量，逐漸恢復到它以前的狀態。幸運的是，沿著自己走過的足跡折返精神領域的過程比首次攀登階梯時要快得多，因為靈魂重新再啟的是當初經歷的精神腳步。

　　你們可能知道生活中有某種人物，不走正道，盡給自己製造負能量，同時也傷害到他人。我們得為他們祈禱。把他們看作是神聖的存有，並盡你們所能伸出援手。鼓勵他們改變自己的生活——什麼時候開始都不晚。如果你們意識到自己身上有破壞性行動或行為，不要絕望。也別責備自己。在你們生命的任何階段你們都能重新恢復你們的精神能量。與其為錯誤找到合理解釋，不如承擔責任並糾正這些行為。盡你們所能改正錯誤。

一個關於精神救贖的故事

為了說明失去精神基礎和救贖的過程，我就講述《生命之書》中的一則故事吧，這是神明分享給我的。這個故事發生在很久以前的古埃及王朝時代，大約西元前 2000 年，一個女人從因果世界投入肉身到塵世間。她是個精神上頗為發達的靈魂，她降生到一個神秘的家庭。她的父母同屬一個神秘學校——就是古代的訓練中心，志向遠大的人們在那裡接受有關 "生命的奧秘" 的教育。當時，埃及有著一些世界上最好的神秘學校。她生來就有已經覺醒的精神天賦，如超覺天賦，但她還沒有學會駕馭那些力量。除了精神上有修為，她的家庭很富有，與王室有聯繫。她有兄弟姐妹，但從精神修為上講，她似乎是最有才華的。縱然她的興趣很多，但她從小就知道形而上學是她的人生道路。她很早就開始了秘傳訓練，長大後出落成一個秀外慧中，才華橫溢的女人。

當時是埃及的一段艱難的時期。使用黑魔法的群體到處出現。他們的目的是破壞精神力量，阻撓其用於良善之事，而是為了一己私利濫用這種力量。其中一些黑魔法群體滲透到埃及祭司中，並在法老的宮廷中發揮其影響力。他們心懷歹毒且頗具野心，為達到自己的目標常會不惜一切。

作為他們顛覆作亂的一部分，他們一直在尋找他們可以引誘和利用的，天賦異稟的年輕靈魂。他們相中了我們故事中的女人作為黑魔法的候選人。她二十出頭，還未經歷開悟之前的精神考驗。她之前信以為真地認為自己高人一等，至此便有些驕縱起來。她也經不住紙醉金迷的誘惑，並且覬覦皇室權力。她看到她的父母，因不拿良知做妥協，而被拒任重要的職位。這讓她困擾不堪，她認為，即使遊戲規則是皇室所設定的，她的精明在他們之上。她意識到，如果走父母的老路，她將一生伺候人，而永遠不會掌握世俗的權力。

有一天，一個有權勢的黑魔法組織的頭子找到了她。他開始對她阿諛奉承，並找准了她情感上的弱點。他看透了她的煩惱，於是開始用黑魔法在她身上編織他的網。她知道他是誰，但以為她能對付得了他，但他太狡詐了，她中了他的咒迷上了他。他許諾會給了她權力名望——比她所在的神秘學校所能給予的要多。儘管她的父母和神秘學校的人發現她有什麼不對勁，但她卻默不做聲。

　　雖然這聽起來不合情理，一個登上了精神階梯的人竟然
也會受到人格自我的誘惑，而成其為犧牲品。一個人可以享
受自我的膨脹和"旁門左道"的誘惑，但對其可怕的後果卻
並不瞭解。人們一旦涉入這些黑暗的水域，頃刻間便會被吞
噬，連想都來不及想。但凡這樣的決定都未經光明心智的把
關，故而在道德標準上是缺失的。

　　很快，她的精神就墮落了。不久，她做出了利害攸關的
決定，即離開神秘學校，加入黑魔法團。她的父母都很震驚，
但她現在已被黑魔術師催眠了。她的家人也無法阻止她，他
們的心都碎了。她正式加入後，精神下降速度愈發加快。

　　這個黑暗的組織和法老的關係親近，她順勢得到了皇室
的信任。她對權勢十分迷醉，一旦注意到誰是對手，便開始
用她的才能騷擾他們，致使他們生病，甚至殺害他們。她對
此很拿手，與她同夥的邪惡靈魂還對她進行了嚴格的訓練。
因為她還正值青春，姣好迷人，很少有人懷疑她心懷叵測。
她不斷地攫取影響力和權力，但與家人完全沒有了接觸。那
些和她打過交道的人都明白她變得有多麼墮落。她在那輪回
的一生中沒活多久，最後的結果是在 30 多歲的時候被敵人
殺死。

　　一個靈魂就這樣退化了一生，之後她會去哪裡呢？在她
的個案中，儘管她已經上升到了因果世界，開了悟，但她失
去的精神力量太多，難免一頭墜落到冥界。這些位於星光世
界的低層領域，是退化的靈魂要去呆的地方。他們的轉世不
屬於正常的範圍，要等到他們吸取教訓，經過努力走出那些
糟糕的地方才行。冥界不是地獄，但他們有一種地獄般感覺。

　　身處這種墮落之中，最初她並沒有意識到自己犯下的惡行。她的思想仍然浸透在把她吞噬的邪惡之中。更糟糕的是，在她周圍的也都是失去了精神力量的墮落之徒。在進化故事中，最令人百感交集的時刻之一就是，一個達到精神高度的靈魂墮入自找的黑暗之中，終於再次看到了光明。這是一個靈魂所能經歷的最艱難的教訓之一：你們永遠不能把自我置於上帝之上。

　　一俟這個女人開始攀登，要重返聖光時，她便要投身於地球塵世了。由於她造下的業力深重，在最初的幾世裡她的生活都很悲慘。在其中的一世中，她生來就是奴隸，處境惡劣，遭受虐待。那一世的生命很短暫，但她在世時，她被示以異象，看到了她以前作為黑魔術師的前世，也理解了為什麼她的生活如此困難。在另一世中，她雖出生貧困，但有慈愛的父母，還有一個家庭。儘管這些前世過得如此艱難，她還是開始逐漸償還她的孽債，重新煥發生機。然後她花了數世來償還她對所傷害過的人欠下的業力債。

　　接下來，重建她的才能和天賦的時候到了。她有了好幾輩子有創意，善於表達的生活。這給她帶來了許多歡樂。當她恢復了她的品性和意志力時，她便準備就緒，要重建她的神秘生活了。這又用了幾世的輪回。在有一世，她加入了印度的一個道場，開始自己的精神成長。終於，她達到了那一刻，準備再次喚醒她的神秘力量，重建能量，一直回到了因果世界。

　　讓她重新獲得精神信望的救贖生活再次發生在埃及，相對於幾世紀前，這個時期埃及的狀況有了改善。在這次輪回中，她生來是個小男孩，家裡衣食無憂，但還不是十分富有。她並非生來就有多感官的超覺天賦，但她有精神視覺，可以看到異象。終於她長大成人了，被邀加入一所神秘學校。雖然她此生的父母在精神上的修為並不很高，但他們對神秘傳統都很看重。她對教師的教導接受得很快，對世俗的權勢和影響毫無渴望。她如饑似渴地學習形而上學，幫助那些不如自己幸運的人們，為他們辦好事。漸漸地，她的樂善好施獲得了大家的信賴，廣為人知。很多年過去了，她開始重建了自己的神秘力量，最終在年老時恢復了自己的超覺天賦。她活了很長，得以通過她在幾個世紀前沒經受住的嚴峻考驗。照慣例，她還得再面對一次邪惡，以證明她不被誘惑，這一次她很好地通過了對她的考驗。

　　她完成了她那一世的輪回，受到人們的尊敬和愛戴。人們常說她從不怨天尤人，總是有求必應。她不僅重新獲得了她的精神力量；她成為了一個比以往任何時候都更加美麗的靈魂，對前面的精神之旅滿懷期待。

假先知

　　事實上，並不是所有被貼上"精神上"標籤的東西都是精神上的。你們在精神道路上的部分工作就是要分辨真假神秘學說和真假神秘學教師。隨著越來越多的人對精神發展感興趣，更多的假學說將會出現。你們必須要有辨識力。

假先知是那些聲稱在你的精神攀登中幫助你的靈魂，但實際上他們要麼是自欺欺人，要麼是投機取巧。聖經警告那些假裝以上帝的名義來誤導靈魂的人："當心假先知，他們披著羊皮來到你們這裡，但他們的內心卻是貪婪的狼。你們要從他們的果子中認識他們。"[1]不幸的是，當今，這樣的人時興，許多尋找上帝的人們落入他們的掌心成了他們影響的犧牲品。

假先知的種類各有不同。有些人僅僅只是為了金錢利益。他們利用自己的個人魅力和意志力來施加影響力。還有一些具備了些精神才能，但卻肆意濫用。有時，還並非是有意為之。他們處於一種自欺欺人的狀態，真的以為他們精神教師，實則不是。假先知中最惡劣者是那些具備精神才能，並居心不良地故意誤導靈魂的人。

為什麼人們會上假先知的當？原因有很多。有些人很孤獨，想找人做伴，或找個群體靠近。另有的人可能意志薄弱，或者想證明什麼。還有一些人可能經歷過困難或不幸，目前正處於弱勢。假先知的群體會給那些不自信的人的一個誇大的自我形象。也有人可能還在尋找一種快速而簡單的覺悟方法。凡此種種，不勝枚舉。

當你們想專修一種學說或從師於一名精神教師時，必須首先看看你自己追求這個特定道路的動機。一旦你們搞清了自己的動機，再看看學說和教師。我的建議是，始終要對精

---

[1] 馬修 7:15

神學說進行檢驗。不能對表面的東西信以為真。尊敬精神教師，但要認識到，教師無論有多麼好，仍然屬於人類。你們本身的振動自會吸引到相應的學說。最終，你們對教師最好的尊重就是，尊重學說，學以致用。

遭遇到招魂的靈媒

當我遇到具有通靈性質的事情時，我總是很謹慎。有些人在他們的通靈技能上是善良和真誠的，也有些人是值得懷疑的。人們經常認為我是通靈者，因為我能看到輝光。雖然我的心靈感官蘇醒了，但我告訴人們，我不是通靈者。我在解讀輝光時所使用的是神秘的超覺天賦，這與通靈完全是兩回事。[2]

多年前，我曾有個學生，年輕，接受能力強，他著迷於通靈現象。不幸的是，她把我的才能誤解為是通靈術層次上的才能。她希望我能教她成為一個具有超覺天賦的人。儘管我強調了精神發展的重要性，但她還是將信將疑。我告誡她注意通靈世界的危險，但我的話並沒有給她留下什麼印象。有一次，她邀請我和她一起去看一個有名氣，可以進入催眠狀態的靈媒，此人正在加州帕薩迪納市的一個通靈教會的教堂主持一個晚間活動。她想要我用我的超覺天賦看看他是否正直，有沒有功夫。我雖有些勉強，但還是同意了。

招魂的靈媒不同於通靈的靈媒。通靈的靈媒系指從心靈世界接收思想、圖像或資訊，並將這些資訊聯繫給你的人。

---

[2] 關於通靈和神秘之間的區別，請參閱我們的書《與神交流》。

而招魂的靈媒經常是與已經去世到了彼岸的靈魂進行交流，並充當傳遞這些資訊的媒介。在這種情形下，靈媒在意識上是有覺知，並控制著他或她自己說的話。

招魂的靈媒做的還不止與此。進入了一種恍惚的招魂狀態的靈媒，並沒有意識到正在發生了什麼。在這種恍惚的狀態中，來自彼岸的已經去世的靈魂控制著靈媒的身體功能，包括聲音和身體運動。現在是這個上身的彼岸靈魂，或他們被稱為"控制者"，憑藉靈媒來說話。其目的是，通過靈媒直接與上身的彼岸靈魂交談。隨著上身的彼岸靈魂的接管，靈媒的聲音和身體的言談舉止可能會發生戲劇性的變化。其挑戰在於你們不知道人們在面對誰或什麼，因為人們看不到上身的彼岸靈魂。當一場招魂會結束，靈媒從恍惚的狀態中恢復來時，他或她通常不知道發生了什麼，必須由他人來告訴自己。

所以我和我的學生一起去觀察招魂的靈媒。因為此人很受歡迎，所以教堂裡擠滿了人。他有五十多歲，身材高大、相貌英俊，舉止很迷人。他沒有結婚，很受女人喜歡。他從事這一行已有幾年了，並發展了相當多的追隨者。他聲稱自己是給來自亞特蘭蒂斯時代的一個覺悟的靈魂傳遞話語。

當夜幕降臨時，那個靈媒進入了恍惚的狀態，彼岸靈魂便上了他的身。於是該靈媒的行為舉止和講話方式都發生了變化。然後，彼岸靈魂開始談論各種精神方面的話題，感覺相當合理和有邏輯，我相信這是他吸引人一部分。他的演講聲情並茂。受到感染觀眾呈現了狂熱狀。從旁協助的是靈媒

的一個助手，他是這次活動的組織協調者。過了一會兒，靈
媒開始回答觀眾提出的個人問題。他似乎對人們的生活有一
種心靈上的覺知。他知道他們的人際關係、工作和經濟狀
況，這讓每個人——包括我的學生都肅然起敬。

在這樣的事件中，我的習慣是坐在房間的後面，以方便
我在需要在活動結束前離開。招魂會已經進行了大約 30 分
鐘，我決定要知道是誰在控制。附上這個人身體的靈魂是誰
呢？我有一種發送精神之光的方法，這樣我就可以用超覺天
賦看到在發生的事。當我把光集聚到靈媒，再調准到站在他
旁邊的靈魂，我看到的不是一個覺悟的靈魂，而是一個醜陋
怪異的、卑鄙下賤的靈魂，陰森森的光圍繞其周身。動用超
覺天賦，卻看到如此這般，總是令人有些遺憾，因為原本想
看到的是最好的人。但我並不感到驚訝。這已經不是我第一
次看到這樣的有生命的物體了。他是一個冒名頂替的靈魂，
把自己假裝成別人。

當我把光照到那個有生命的實體時，他察覺到我在做什
麼，顯然變得焦慮不安。幾分鐘後，令我驚訝的是，仍處於
完全恍惚，還受制於上身的實體的那個靈媒，沿過道徑直走
到屋子的最後我坐的地方。沒人知道發生了什麼事。他俯過
身來，這樣沒人能聽見，然後那個實體通過他附身的靈媒低
聲說道："收回你的光。你認為從這個酒鬼似的人這裡會得
到什麼呢？！"

我簡直不敢相信我所聽到的一切。這個實體明白他是
誰，他是什麼，他在告訴我的是，那個靈媒絕非聖潔之士。
他的語氣表明，他雖附身於那個靈媒，但對其毫無尊重之

意。顯然，我不能留下來，於是我和我一臉茫然的朋友一道
離開了。後來，我對她描述了發生的事。我和她分享過，雖
然這些冒名頂替的靈魂可能知道你的一些事情，但他們的目
的不是說明你。他們的欺騙、半真半假和徹頭徹尾的謊言旨
在吸引你進來。其目的是為了偷竊觀眾的精神能量。整台戲
就轉移精神道路，我稱之為"馬戲團的表演場地"。她聽得
目瞪口呆，好在明白了並領會到，在對待通靈的事時必須要
非常小心。

一個假先知的悲慘故事

在另一次與假先知的相遇中，我認識一個女人，克雷爾，她
與臭名昭著的吉姆・鐘斯集團有關。吉姆・鐘斯的戲劇和
"鐘斯鎮大屠殺"是現代美國歷史上一個特別悲劇性的事
件，至今仍讓人們大惑不解．鐘斯是一個邪教領袖，後來在
三藩市地區頗具影響力。他通過實踐他所謂的"使徒社會主
義"，成立了一個名為"人民聖殿"的團體。他很受歡迎，
但關於他的瘋狂行為和對追隨者的虐待的故事逐漸洩露出
來。為了避免越來越大的壓力，他把他的群體搬到了圭亞
那，並成立了一個名為鐘斯鎮的公共生活組織。雖然宣揚的
是烏托邦，但實際的生活卻大相徑庭，那裡的生活呈螺旋式
下降，越來越差。親屬們的擔憂和神秘的死亡事件促使加州
代表裡奧・瑞去鐘斯鎮視察。但在圭亞那期間，他被邪教成
員殺害了。鐘斯知道當局正在逼近，在惡化的心理和身體狀
況下，他命令他的追隨者執行"革命性的自殺"。900 名男
女和孩子喝了摻有氰化物的賓治雞尾酒自殺了。

　　克雷爾已婚，有三個孩子，她在我的洛杉磯課堂上課。
她告訴我，她是吉姆·鐘斯集團的一員；當時它總部仍設在
三藩市附近。在談話中她對他和那個群體大加讚揚。她說著，
我便就勢看了看她的輝光，這一看便感覺到有嚴重的問題。
當時我對鐘斯並不熟悉，但我能看出她有麻煩了。她邀請我
和她一起去三藩市和他見面。我得到了靈感要幫助她，所以
我接受了邀請。從洛杉磯開車到三藩市要花數小時，所以我
計畫在當地的一家酒店留宿，而她則住在當地的親戚家裡。

　　我們到了他的聚會點，那兒更像是一個集會。數百人集
聚在那兒，群情振奮充滿了期待。當他走上舞臺時，我看了
一眼他的輝光，簡直不敢相信裹挾在他周圍的是黑暗和兇險
的能量。很清楚，他參與了一些包括謀殺惡行，我立刻明白
了我接受到的靈感是要來參加這次旅行，為的是要幫助克雷
爾擺脫出來。當他開始談話時，他開始在這個房間裡製造出
一種近乎歇斯底里的催眠能量。因為我有超覺天賦，對振動
就很敏感，他投射的瘋狂混亂能量讓我忍受不下來。我沒有
告訴她我看到了什麼，而是說我需要離開，並要她跟我一起
走。我想像不出克雷爾會在他身上看到什麼。她不明就裡樣
子有些尷尬，還是決定留下，所以我獨自一人離開了。

　　當我走到門口時，一個看守擋住了我的去路。他用一種
嚇人的聲音叫喊道：「不能離開吉姆·鐘斯的集會！」

　　我盯著他的眼睛說：「你想打賭嗎？看著我！」然後我
就大步走了出去。

　　我回到了我在酒店的房間。那天晚上晚些時候，克雷爾
和我通了電話。對於我所看到的，我不知如何解釋為好，所

以我決定只好用愛心直截了當地勸。我告訴她我是多麼關心她，想要她最好。我告誡她，鐘斯並不是他看上去的那樣，並懇求她帶著她的孩子和丈夫離開。我是一名精神教師，所以她尊重我，但對我對鐘斯的印象讓她驚訝，冒犯了她。她中了鐘斯的魔，斷然拒絕了我的忠告，說："你不知道你在說什麼，芭芭拉！"我再次懇求她要想想她的孩子，什麼對他們最好。她卻什麼也聽不進去。

我別無選擇，只好獨自開車回洛杉磯。回來一次，我試著聯繫克雷爾，但再也沒有回音。她停了課，也斷掉了一切來往。不久之後，鐘斯帶著他的追隨者去了圭亞那。當悲劇發生後，上了新聞。我很擔心，我想再次聯繫她，看看她是否還好。我沒找到她，但聯繫到一個朋友，她告訴了我所發生的悲劇始末。

克雷爾確實和她家人去了圭亞那，更糟糕的是，她說服了一個朋友和她朋友的家人加入了這個組織。克雷爾在圭亞那時，她的姑姑去世了，留給她一筆遺產。鐘斯指示她回美國，這樣她就可以把錢帶回來。悲劇就發生在她回到加州時。克雷爾的整個家庭——她的丈夫和三個孩子——以及她介紹給鐘斯的那個家庭，都因服用了摻有氰化物的飲料而致死。

有理性的人們怎麼會成為這種欺騙的受害者呢？以克雷爾為例，她是一個好人，但我認為她無法想像有這樣的邪惡存在。她很天真，盲目相信鐘斯——實質上是讓別人替她思考，當親眼所見的不是那麼一回事時，她又缺乏意志力去掙脫。被一種難以打破的催眠所控制了。

　　沒有人能對這些誘惑免疫。上帝允許這些陷阱存在，是將此作為一種挑戰和考驗。上帝希望你們通過第一手的經驗學會去偽存真，因為其中的危險是非常實在的。對精神層面的處理不可"貿然行事"。[3]進化是一個漸進的過程，而非一朝一夕之事。任何作別樣的承諾的人要麼是受到了誤導，要麼就是假先知。你們的工作就是盡你們所能，看穿這些精神上的陷阱和詭計。你們若這麼做，就會獲得了巨大的精神優勢，並且在精神道路上的進步就更快。

---

[3]選自亞歷山大・蒲柏所著的《英美文學選讀》的一段摘選文章。

第十四章　　冥界

沒有人是壞到不可救藥的。

——聖雄甘地

　　作為一名精神教師，神明經常交給我具體任務去彼岸幫助那些亡靈。從這一點上看，我過著雙重生活：白天我在塵世間當教師，夜晚我就在精神諸世界裡當教師。在我職業生涯的早期，有一次在內在世界的夜行中，我被引到了一個我從未去過的地方。我當時在一座樸素的建築裡，雖然它不是一個聖殿或是訓練中心，但它顯然是一個聖者們的屬地。那裡有聖光照耀，但也有一種憂鬱的振動。把我帶到這裡的天界的存有說，帶我來到的這個地方是冥界，這是一個幫助靈魂在精神上覺醒的聖所。我知道這些區域都很陰暗的和淒涼，便有些疑懼，但天界的存有告訴我不用擔心。他給我們披了一件光斗篷來保護和遮住我們的能量，這樣我們就不會打擾到此地的人，然後帶我到外面帶我參觀。

　　我們所在的環境看起來像是個簡樸的小鎮。（我後來得知，這些建築是專門為冥界的居民而造的安居處。）那是個夜晚，道路上只有點微光依稀照明。現在，出了聖所的安全區，我能更強烈地感覺到這個地方具有的特徵是哀傷和悲慘。人們失魂落魄，在茫然中徘徊。雖然他們處在自我認知不全的狀況中，也還是有一種社會秩序，因為一些靈魂在相互交往。有些互動是有溫情的，而另一些則很敵對。

　　天界存有給我們當嚮導四處走走，他把我帶進了其中一個建築：是一個鴉片館啊！一群人在那兒放縱自己，顯然是完全陶醉在他們的享受之中。房間裡的感覺很壓抑。我的天界嚮導看到了我狐疑的眼神，便告訴我這些靈魂在地球塵世中被鴉片消耗殆盡，到了彼岸仍還繼續他們的行為。就是這個行為模式把他們帶到這個地方，但他們對此依然不思悔改。

這個地方所喚起的悲慘感覺令人難以言表。我心裡很同情這些人。他們是像你我一樣的靈魂，看到這樣的情形存在真是令人難過。我問到該如何來幫助他們呢。我的嚮導說，這些靈魂並非難逃此地。那些聖者們正在辛勤地工作，以期喚醒他們，但這項任務是很艱巨的。他們通常並不想醒來，對任何努力都加以抵制，有時還使用暴力。有些人只待很短的時間，而另一些人在這裡待了一陣子了，但還需要呆更長的時間。不大一會兒，這次造訪就結束了，那個天界的存有就把我帶了出去。首次去冥界的旅行只是瞭解這種地方的動態，但接下來我還會被接來，幫助提升這些靈魂。我明白這項任務有多麼困難，但又是多麼有價值和必不可少。

為了理解精神諸領域的多個領域和它們所包含的一切，我們也必須要注意到冥界，也被稱為"星光界的地獄"。"冥"這個詞的意思是下或在下面，所以冥界這個術語就是古人所說的陰間。從形而上學的角度來看，當靈魂失去了過多的精神之光，它們就喪失了參與正常進化過程的權利，而來到冥界。退化到這些領域的是因為犯下了重罪。那些進入冥界的靈魂並非是去受懲罰；他們在那裡是因為他們的精神力量不夠，去不了其他任何地方。你們可以把地獄稱為一種精神等候區域，天使說明他們理解發生了什麼事，幫助他們回歸精神軌道。

沒有人會永遠呆在這些星光界的地獄裡。永遠懲罰，而沒有希望和救贖，這樣的事是不存在的。這種情形是有必要，但並非自然的，不可能無限期地持續。無論靈魂做了什麼，無論它陷落了多深，最終它都會找到回家的路。

動物、畜牲和野獸的冥界諸國度

冥界的領域有三個，按振動的降冪依次是：動物、畜牲和野獸的諸國度。依據行動的破壞性和精神之光喪失的程度，靈魂可以處於這三個王國中的任何一個。它們與頭三個較低的星光世界有關。然而，冥界的靈魂並不參與正態的進化流。他們不在這些通過星光領域進化的年輕靈魂群中。冥界的振動截然不同，它是被隔離的區域。

動物冥界的諸國度

按照這些領域的降冪，首個是動物冥界的諸國度。在此背景下，"動物"一詞無關乎動物。動物在進化中有自身的國度，與諸冥界沒有任何關係。動物類有他們的本質。動物冥界指的是那些已經倒退到更低的本能水準的人類。這些冥界關聯的是星光第三層面及其各個子層面。你們會記得，在星光第三層面，我們所發展的是本能的本質。

退化到這些水準的靈魂阻滯了他們的精神成長。他們否定了理性的思維心智，代之以不計後果的放任和更低的本能激情。儘管他們沉迷在人類情感的陰暗面中，無所顧忌，但他們仍然留有自我覺知。這就讓他們的處境變得更糟，因為他們是有意識地將自己的思想引向他們本質的最底端。

　　在動物冥界裡，上帝提供了一種和部落很相仿的社會秩序。人們之間有交往，但四處彌漫著悲傷無望的氣氛。神明為了幫助這些靈魂醒來，提供了聖所，但令人驚訝的是，他們對精神的召喚經常不作回應。有時，上帝會把他們帶到更高的領域，試圖提醒他們自己來自哪裡，但這可能會產生干擾效果，因為他們並不認同他們自己在跌落之前的身份。當一個靈魂開始再次看到光明時，就會有震驚、悲傷和悔恨。這些是痛苦的，但也是療愈的跡象，靈魂在逐步接受它曾經的所作所為，並準備好再次開始向上的旅程。只要有需要，就會有穩定的愛心支持，把這些靈魂帶回家。

　　由於每個星光層面有七個子層面，在動物冥界中有七個領域。一個靈魂可以跌落到這些領域中的任何一個，這取決於精神之光喪失的多少。當一個靈魂最終得以被喚醒，它就被帶出冥界，於是重建的過程就開始了。它對自己的更高本質和來自上帝的支持逐漸開始有了回應。然而，當靈魂拒絕醒來時，他們的光還會繼續喪失。這可能會導致他們在精神階梯上進一步跌落，這種情況很可怕。

　　是什麼行為會讓你們落入這些領域？在《神曲》中，但丁盡其所能，將特定的罪行與他對地獄的概念中的特定領域相互關聯起來：地獄般的地區 Inferno。當然，有些行為比其他行為更具破壞性。偷一條麵包和冷血謀殺是截然不同的。從形而上學的觀點來看，犯罪的輕重程度和持續時間以及被喪失的聖光量決定了一個人歸屬於冥界何處，而不在於犯罪本身。

　　注意觀察你們的情感本質。忍不住破壞性的衝動，其實就是敞開自己，任憑一種無恥的振動進入——點燃那些古老的本能能量，做出一些在夢中都難以想出，始料不及的事情。這種情況發生在那些貪戀色情、金錢、權力等，而無法抑制的人們身上。那些長此以往，放縱低級衝動行為的人們就會喪失許多精神之光。一旦他們在這種沉重的意識中過世，他們就會進入動物冥界。

畜牲冥界諸國度

在動物冥界的下麵是畜牲冥界的諸國度。這些領域與星光第二層面相關聯。通過星光第二層面自然進化的靈魂有一種美麗的、田園詩般的純真。那些死後進入畜生冥界者所處的情況則大相徑庭。這個領域真是難以名狀。它不像傳統的地獄世界那般，畫面中有硫磺和火海。但它的黑暗和淒涼的氣氛是毋容置疑的。因為這些靈魂對他們的所作所為感到極度的懊喪，自有很多的痛苦存在，但他們做了什麼或為什麼他們會在那裡就不得而知了。當靈魂跌落到這個程度的時候，天使們要把他們解救出來的工作難度就更大了。

　　那些發現自己在畜生冥界諸國度的靈魂被困擾在一種持續的噩夢中。在星光第二層面上，你們生活在自然的夢心智的狀態中。這個狀態允許自由的心智表達，且不造成什麼後果。但對於退化的靈魂，夢境狀態則歸到某種噩夢狀態。他們之所以稱它為畜生國度，是因為在這種焦慮不安的夢境狀態下發生的狂野的、毫無節制的行為。一種永無休止的絕望感在那兒。就像動物冥界一樣，這裡也有一種社會秩序，人們之間有交往，人們生活在原始的結構中。然而，即使在這裡，上帝的神聖之光仍在照耀，喚醒和提升在如此黑暗中的靈魂 。

野獸冥界諸國度

在此以下就是冥界的最底層、最黑暗的一些地方——野獸諸冥界。這些領域與星光第一層面相關， 那裡是億萬年前我們的星光旅程的始發地。當時在這個領域的年輕靈魂還沒有星光體。但對於那些現已退化到野獸諸國度的靈魂來說，他們的星光體被保留了下來。那些過世後到了這裡的靈魂已經耗盡了他們本能的貪欲和激情，他們沉浸在黑暗中，被壓得喘不過氣來。他們幾乎處於昏迷狀態，遭到 他們所蓄積的暗黑振動的反噬。然而，即使在這裡，上帝也還在幫助靈魂們，從這些狀態中將其喚醒，使他們站起來，走出這些悲慘的環境。

惡魔的領域和造化中的至暗之地

冥界就是最糟糕的嗎？可惜不僅如此，還有更糟糕的一些精神領域。這裡講的目的不是反復敘述這樣那樣的黑暗，而是對精神旅程做個較為全面的描繪，包括其所有色調和色彩。如果曾經有過地獄的話，就是指這些地區。它們被稱為惡魔之境，甚至比最低下的星光世界還要低下。就像冥界一樣，它們也不屬於神聖的，進化過程的一部分。它們是被隔離的區域，給這些靈魂提供空間，逐步改邪歸正。

這些是墮落天使和其他地位曾經尊崇的聖者們的所在之地。拒絕與神聖的計畫合作的有些是人類，但也有些是天使。這些墮落的天使雖然已經喪失了巨大的精神能量，但他們內在的天使智慧卻仍然保留著。由於他們是從超乎你我想像的高位跌落下來的，所以他們就特別危險。

是什麼能讓一個人在精神階梯上跌落得這麼遠呢？惡魔國度與我們人類的品性和精神成長並無關聯，這意味著這些靈魂以某種方式連接上了惡魔的非人類特徵。如果你在你的肉身輪回中有意識地與邪惡沆瀣一氣，對惡魔言聽計從，你可能會失去大量的聖光，一度要落到惡魔的領域。這樣的經歷確實是一種生不如死的遭際。它將教會你們，永遠別把你們的生命、你們的聖光或你們的精神道路視之為理所當然。

被困在這些領域的靈魂本質上是"與魔鬼結盟"。他們正處在邪惡勢力的控制之下。在這些領域裡，你們不會是無所事事，到處閒逛；你們是惡魔搞陰謀詭計的主動參與者。冥界是無組織無條理的混亂地方，而惡魔的世界是卻是有組織有條理的邪惡之域。甚至還有一個由邪惡靈魂，基於勃勃野心而組織的，"逆向"層級結構。卡巴拉教徒提到的逆卡巴拉之樹即死亡之樹。正如生命之樹是通往我們永恆家園的道路，死亡之樹則是處於螺旋式下降之勢。

這個惡魔諸世界的行事準則是傲慢專橫、仇恨、殘忍和鋌而走險。它們與創造的原則是完全相悖的。這些靈魂的精神之光是如此枯竭，他們不得不持續不斷偷竊他人之光。從某種意義上說，他們是精神上的吸血鬼，不斷地從他人那裡奪取聖光，找到誰就是誰。這些墮落者很狡猾。他們會利用所擁有的一切去行惡避善，因為他們已經失去了道德的指南針。靈魂在這裡呆的時間越長，越是絕望，開始感到他們百般努力的下場都是徒勞的。

然而，即使是在這裡，同樣的精神原則依然存在。儘管這些靈魂墮落了，但他們仍然是生命中永恆的火花，是整體的一部分。儘管他們做了許多可怕的事情，但上帝仍然視他們為神聖的存有。回家之路依舊還在。即使他們千方百計在阻撓神聖的計畫，去破壞生活中的一切美好，他們也贏不了。即使在短期內或許是所向無敵的。但他們的作為不實在，是假冒的，而弄虛作假的事長久不了。最終，"萬膝必向我跪拜。"[4]聖者們要費很大的勁去喚醒墮落的天使和在這裡的人類，而聖者們卻從這些惡魔的領域裡挽救了無數的靈魂，惟善行天下，至高無上。

對於所有陷入至暗的迷途者來說，真理之光最終會把漆黑照亮。對於那些自我囚禁在這些地區的浪子來說，這綿綿長夜終將結束，一種全新領悟的開端就會到來。邪惡之根雖然紮得深，但最終，它們都會像雜草一樣，從上帝的花園裡被清除出去。不言而喻，這些較低領域的存在揭示了我們的進化是多麼來之不易，我們走到現在這個地步又是付出了多

---

[4] **羅馬書** 14:11

麼漫長的時間和巨大的努力。走上精神道路是一種榮幸——但這是一種我們一旦把臉偏離上帝就會失去的榮幸。要對你們所接受的一切，心存感恩，永遠不要認為你們自己的精神成長是輕而易舉之事，感謝你們生活中的一切，感謝你們所得到的所有精神上的機會。

第四部分

加速你們的精神發展的練習

第十五章　　你們走向永恆的護照是
你們所掙得的光

不要害怕你遇到的困難。不要奢望你所在情況不是現
在。因為當你充分利用了一場逆境，它就成為獲得絕佳機會
的墊腳石。

　　　　　　　　——H.P.布拉瓦茨基夫人

　　精神上升的旅程是不可思議的，倘若你們在探索它，自然而然地，你們就想知道自己在這個過程中到了什麼地方，以及你們是否全力以赴去實現你們的潛力。這些都是重要的問題，因為你們的精神攀登正是通過你們自己的努力來促進的。在精神諸世界裡，在偉大上升途中，你們到了哪兒是一清二楚的。然而，在塵世生活中，在人的內的精神理解力蘇醒之前，這些知識通常是被遮蔽的。只有不知你們在途中的位置，方可考驗和加強你們的品性和才能。通過謙遜厚道、懇切耐心和持之以恆的操守，神聖的生活在循序漸進中會得以顯露，你們的宇宙故事也就隨之展開。

　　有一把可以打開你們的精神進化之門的鑰匙，那就是聖光。你們所獲得的神聖之光將帶著你們穿過所有意識的上升層面。你們所擁有的最珍貴的東西是你們的光；你們能做的最重要的事情就是獲得聖光。你們掙到的光越多，你們登上的意識就越高。在塵世生活中，你們的意識是基於你們所獲的聖光，在某種水準上振動。而該振動水準則與精神諸世界的某個領域相互關聯。當你們經過我們稱之為死亡的大門口跨越到彼岸時，你們受重力作用被吸引到你們有權利到達的精神層面，該權利則與你們所掙到的聖光量相應。這既不是一種懲罰，也不是一種獎勵——它就是同性相吸。如果你們在過去的日子裡欺世盜名，冷酷無情，你們傷害的就不僅是別人還有自己，你們的精神力量就有了損失，當你們到了彼岸，你們所在的精神領域也不會高。如果你們終其一生為他人服務，辛勤勞作，富於創造，那麼你們的所作所為就是收穫聖光，繼而就會發現自己處於一個更高的精神維度。你們現在振動所處的意識層面就是你們在精神上升中目前達到的位置。

在地球上，靈魂們處在多種進化層次上，從剛入精神領域學習的新生到修為高深的神秘主義者都有。在當今地球上，靈魂們的振動大都處在星光第四層面的某個地方，然而也有些靈魂的振動處在星光第五層次，再往上，直到第三層天堂的都有。關鍵是不要把自己和他人進行比較。你們的上升不是參賽；你們是在你們自己的精神階梯上。其目標是你們為自己而全力以赴。

如果聖光是你們上升的關鍵，那麼你們該如何增加那種光呢？有兩種掙取聖光的基本方法。一個是通過每一個善言、善念、善行和善舉。你們所做的每一件積極的、有益的事情，無論是否被認可，都是在給你們的輝光場增加力量。這種力量是推動你的精神進化的燃料。所有偉大的精神傳統均強調個人生活品質的重要性。這些包括佛教的四聖諦和八正道，聖經的十誡和黃金準則，伊斯蘭教信仰的五柱石、印度教信仰的業瑜伽或正確行動法則，以及道教的中國哲學傳統。貫穿所有這些精神傳統的共同主線是個人的德行的重要性。你們的生活的方式至關重要。你們到天堂的道路既不能靠錢買來，也不能靠嘴說來。你們必須掙得它。

另一種獲得光的方法是用聖光做冥想，並在生活中活學活用聖光。通過真誠的祈禱和冥想，你們可以接觸到宇宙的生命力，並將這些能量吸入你們的輝光場。如果你們想要建立你們的愛流，你們可以呼喚愛的精神能量，它的光看起來是一種美麗的玫瑰粉色。當你們把能量吸入你們的輝光時，它會用愛的意識加持你們。然後，當你們把愛使用到你們的生活中，它會成為你們的一部分，你們的輝光場就得到了加強。

在本章中，我們將探討一些通過你們的生活方式來建立精神力量的關鍵點。然後，在接下來的章節中，我們將提供一些說明加速你們精神成長的高效冥想方法。

首先，我們將探討以下四個品質。培養每一個都有助於在你的精神旅程中建立神聖的力量。

1.**優先考慮精神成長。**

2.**將真理應用於你們所做的一切，直到它成為智慧。**

3.**追求有美德的精神教育。**

4.**把痛苦轉化為加持。**

把精神成長作為你們的優先事項

精神追求成功的關鍵是對更高生活的積極性和渴望。當靈魂在精神上覺醒時，有一束美麗的水藍光出現在輝光場中。這是一種激勵的和提振的能量。當覺醒的靈魂追求精神道路時，這束光就變得明亮起來。有些人倒是覺醒了，但他們卻沒選擇去追求精神上的志向。他們可能是膽怯或是安於自己的現狀。這真令人遺憾，因為失去的是一個黃金機會。

你們必須騰出空間，讓內在的精神生活得以展開。就像打造一個新花園一樣，要從頭開始先翻地，再種花。如果你的生活忙得不可開交，或者過於專注，那麼精神生活就比較難以展開。匹配任何目標，都要設定優先順序。把精神的成長定為你們生活的核心，然後觀察其他一切是如何隨之就位的。當你們剛開始適應精神道路時，你們在精神遊樂場中探索和享受樂趣，有一段"蜜月期"。在這種模式下，你們逐步習慣精神生活，以適應你們所知道的世界，使它更加美麗和和諧。然後，隨著你們的精神旅程在繼續，你們對上帝的承諾在加深，你們也在學習使你們的個人生活適應神聖的生活。你們的生活就會在從容不迫之中，恰到好處地反映了神聖的生活。

在我的一個培訓課上，一位女士想知道世俗的活動和精神活動的重要性是各占多少。這個問題揭示了什麼？不就成了一個將兩者割裂的假設嗎？他們不是割裂的！沒有世俗的生活和精神的生活之分；所有的都是精神的。如果你們把你們的精神生活和塵世生活看作是兩碼事，你們就是在分割你們的能量和意識。你們所有的活動都是偉大整體的一部分：你們的職業生涯，你們的人際關係，甚至你們的財務狀況都是你們精神之旅的一部分。要以同樣的熱情去追求他們，你們就會建立起巨大的精神力量。

要保持簡單的生活。當今有太多可供的選擇和可做的事情。你們可用的時間和精力卻只有這麼多。忙忙碌碌並不一定意味著生活富有成效或充實。你們想要的是節儉高效，事半功倍。長途旅行得一步一步來，不可一蹴而就。你們將需要涵蓋你們所有輪回的整個時間跨度，來完成你們所要做的一切。

有些人認為他們必須放棄一切來追求精神生活。這話並不對。你們的精神生活其實和你們是如影隨形的。你們可以從現在所處的地方開始，在你們的品性、人際關係、工作和活動中改善自己。無論你們走到哪裡，都要帶著你們的光明。當你們追求更高尚的生活時，你們就會改變，而你們的工作和生活也許就會隨之改變。有時，當你們攀爬精神上的階梯時，朋友們也會發生變化。用愛，常識和才智處理每件事。要善解人意，要體貼入微。隨時準備應對意外的情況。神聖生命的美妙之處就包括它是一種歷險。就像任何歷險一樣，最精彩的部分就在於，即將發生的事並非總是不出所料。

踐行真理，致其生慧

當你們走在精神的道路上時，許多真理將會被揭示出來。這為心智打開了新的可能性並使靈感通達。瞭解神秘知識是令人興奮的，但正如哲學家和神秘主義者阿布・哈米德・穆罕默德・加哈紮利著名的教導的那樣，"沒有行動的知識是無用的。"照亮心智是必不可少的，然而你們還要腳踏實地經歷過知識所呈現的內涵，在此之前，你們的靈魂仍沒成長。靈魂的成長只能通過經驗。當你們從經驗中吸取教訓時，它們就變成了智慧。智慧就是掙得的經驗。

要建立精神力量，要上升，對諸多的真理，你們的靈魂必須要身體力行。這就需要時間、耐心和堅持不懈。當面對新的機遇或挑戰時，該怎樣做卻並非總是心中有數。你們要做的決定中不可避免地有對有錯。通過這一切，靈魂都就不斷地吸收這些經歷。當你們取得真實可靠的成功時，你們便學到課程的本質，那個點上的學問就得心應手了。在你們生活的某一部分中，你們將會獲得智慧，而該智慧將成為你們靈魂的一部分。而後把它納入內心，攜其度過餘生，繼而帶入死後的生命。

真理活到你們的心裡，才成其為真理。要專注于過一種聰明睿智、以心為本的生活。即使你們做了好事而沒有得到完全明顯的回報，還是依然要做好事。它將使你們的輝光亮麗，護佑你們的生活。你們結出的精神果實在於你們的努力程度。為此付出一切辛勞和犧牲都是值得的，因為它們成倍地增加了你們的快樂和滿足。

追求有美德的精神教育

如今，人們對精　　————　　神知識有了強烈的渴望。隨著這麼多的人醒悟到精神生活，人們便渴望對光明的理解。問題是如何獲得這些知識。就像任何要求苛刻的工作一樣，如果你們想成功並勝任你的工作，你們就會尋求技能培訓。你們就去上學或從師於該領域的專家。對於形而上學也是如此。在精神攀登中的某一時刻，當靈魂已經達到了它自己所能達到的水準時，就需要一名有美德的精神教師作指導，而該教師是已經達到了有志者努力要達到的頂峰。

一個心存抱負的靈魂是否需要一個肉體形式的精神教師，這對許多人來說是一個有爭論的問題。在當今世界，有一種對權威的不信任，因為這似乎違背了獨立的精神。因此，有許多人都在試圖靠自己攀爬精神的階梯。他們從許多不同的

來源獲取知識，並試圖憑自己在精神道路上取得發展。可以
自己成長，但在精神之旅的某個時刻，你需要一個有美德的
教師。

　　精神指導的實踐是所有偉大的形而上學傳統中的一個歷
史悠久的傳統。在東方，這些教師被稱為大師。古希臘人稱
這些靈魂為聖師，即神秘知識的揭示者。這些覺悟的靈魂不
僅達到了一個神秘主義者的高度潛修狀態，而且通過長期的
努力，內心和心智的純潔，無私的服務，和堅定的奉獻，他
們與上帝已經建立了直接的溝通，並受命於上帝，擔任精神
教師。

　　一個真正的精神教師不僅僅是分享知識；他/她還促進
精神上的轉變。在教師的指導下，學生學習去喚醒內在的有
序宇宙的力量。這是嚴格的精神訓練。靈魂中的人格野心和
貪圖都得被淨化掉。志存高遠的靈魂必須逐步放鬆和釋放對
人格的依戀，這樣它才能與上帝結合。要做到多方面的自律，
以培養靈魂，為覺悟的生活要求做準備。層級遞進都要經過
考驗。漸漸地，心存抱負的靈魂通過了諸多考驗，達到了光
明和覺悟。然後，一個光榮的新生命才會出現。在我個人的
旅程中，即使我生來就有天賦，但我如果未曾接受某些具有
非凡天賦的靈魂的訓練，我的成長也到不了今天的成就，能
擔任一名精神教師。簡而言之，有太多的東西需要學習，有
太多的轉換需要經過，我們需要靠自己，一點一滴來積累。

　　你們如何能辨識出一種有美德的精神教育呢？在尋找精
神訓練時，你們必須使用你們自己最好的判斷力、常識、智
力和直覺。精神教師和修習方法林林總總，但它們的品質卻

不盡相同。有些的等級很高，有神聖的靈感在引導，而有些則不是。還有些則是完全錯誤的並具有誤導性。你們可以問一問自己以下問題：這些學說符合你們自己的道德準則嗎？它們會激勵你們，激發出你們最優秀的潛力嗎？你們自己在修習的某一學說的經歷，將會揭示出其價值的真實可信性。

　　還得要審視那些以精神教師出現的人的操守是否誠實正直。他們的言行和他們施教的內容一致嗎？他們是否常常為自己歌功頌德，而不是專心幫助你們？他們是否不合理地要求你們付出時間和資源呢？然後看看教師的背景。他/她受到的是什麼精神訓練？如今，有許多"一知半解"的教師。他們有一些天賦或學到了一些東西，然後突然間決定便自詡為教師。謹防那些說他們一覺醒來便瞬間頓悟了的人。即使有與生俱來的天賦，要成為一名真正的精神教師，也需要幾十年的訓練。

　　同樣重要的是：審視自己的內心。你們對精神上的辛勤勞動有多投入？聖經教導說："因為被召的多，選上的少。"[1]無論教學的內容有多好，或是教師有多合格，如果學生不努力投入這個吃苦的事，就不會有什麼進步。還要檢查你們的動機。你們追求精神道路是不是為了逃避某件事，或者比別人優秀或更有優越感？或者你們這樣做是出於一種真誠的願望，想要更接近上帝？你們將會依據你們自己的意圖和準備的程度，吸引來某個精神教師。

化痛苦為加持

---

[1] 馬太福音 22:14

　　療愈意味著改變——從一種狀態改變到另一種狀態。治癒是精神生活的基石之一。在某種程度上，我們都需要在心智、身體或靈魂上得到療愈。如果你生活的某些方面有麻煩，要面對這種情況並治癒它。不要任由麻煩久留不決。蛻變的過程對精神成長至關重要。如果沒有精神療愈的藝術和科學，你就無法攀登精神的階梯。

　　在你的整個進化過程中，總是需要療愈和蛻變。你可能不認為自己是一個療愈者，但如果你正走在精神的道路上，療愈便是這條道路的一部分。所以學習技能是重要的，身體的和精神的都要學。這並不意味著你需要成為醫生或專業的療愈師，而是說你需要瞭解和應用療愈的多個原則。第一步是願意改變，不僅僅是身體情況，還有你所面臨的任何情況。寬恕是療愈的關鍵。太多的大好時間都被浪費在糾纏著積怨、懊悔、憤怒和仇恨之上。要學會熟練地運用寬恕的藝術。要緊的並不在犯錯誤的人是誰。而是通過真心誠意的寬容，讓你們從曾經使自己痛苦的能量中解放出來。

　　當我們的生活中出現麻煩時，許多人往往裝作沒看見或不讓人知道。我們認為我們的那一部分令人不悅，就避諱提及。但並沒有意識到，此時的薄弱的環節，是有可能變成一種優勢的。不要認為有一些問題太大而無法克服。你們生活中的任何部分都有可能成為你們獲得祝福的經歷。

在你們的精神成長中獲得成功的十個關鍵

　　在我當初開始教書時，學生們要求我講一講精神成長的一些關鍵要點。當然，關鍵是有很多的，但如果你們的內心和心智所設定的方向正確，你們的精神力量的勢頭就起來了。我在課上講授這些關鍵已經很多年了。在結束這一章時，我把它們介紹給你們，好對你們的精神之旅有所幫助。

1)　想像力

想像的能力是我們最大的天賦之一。想像不是幻想；它是對在實體層面上還未存在的東西的預想力量。通過想像，你可以預想你最高的自我，設定你們嚮往的理想。

2)　強烈的精神欲望

要在精神道路上取得成功，你必須有強烈的欲望。如果你的欲望還不足，你現在要做的工作就是激發這種欲望，久久為功，使之增強。即使你每天只朝著正確的方向邁出一步，你也是在進化的過程中螺旋上升。

3)　知識

就我們所瞭解到的，關於精神生活有很多東西需要學習。你們需要一個穩定的知識流動才能獲得成功。永遠不要輕信胡說，自以為已經學會了一切；總有更多的東西要學習。神秘的知識，以及人類開拓的所有領域的知識，都使靈魂充實。我們都是終身學習的學生。

4)　堅定的意志

意志力是思想的穩定劑。它使一個想法能堅持到表達出來。如果你們覺得你們不能達到你們的精神目標，或者你們配不上上帝的關注，那麼就要用心著意地，去改變這種態度。你們在本次輪迴的塵世生活中是具有精神潛力的。你們的態度應該是，"我知道我會達到我的精神潛力！"

5) 堅持

這是一種不顧困難和反對而繼續下去的能力。不讓任何事情阻礙你的決心。太多在途的人們內心脆弱，本來能達到，卻半途而廢。他們過早退出了。眼光要遠大，精神的結果是逐漸才顯露出來的。堅持才能勝利。

6) 靈感

靈感是接受來自上帝心智的引導的行為。它就像美妙的音樂一樣流動。靈感是必不可少的，因為你們不是這條路的獨行者。你們一直在被上帝引導著，需要與引導者的聯繫暢通。要保持一種放鬆的狀態，隨時接受來自神聖的提振鼓舞。

7) 熱情

除了欲望和意志之外，還要培養熱情，以促進你們的精神成長。當遇上會讓你灰心喪氣的人和事時，熱情會給你鼓勁。熱情不是盲目的樂觀，轉眼即逝；它是以一種能力，以快樂的心情去做眼前的工作。熱情是具有感染力的；它也鼓勵其他人在他們的精神旅程中前進。

8) 對上帝的信心

信心表明你們確信你們是上帝的孩子。當你們與上帝共事時，你們怎麼可能不成功呢？為了使信心穩定，把上帝包括在你們所做的每一件事中。你們與上帝合作的過程將解開信心的秘密。

9）　動力作用

人們可以說，動力行動是宇宙的第一定律，因為它表現了創造本身。動力作用是產生事物所必需的活力和生機。你們可以想望精神的生活，但想法如果沒付諸行動，就將無所裨益。你們的精神成長不能僅僅是一個美妙的想法；你們必須積極參與其中，身體力行。

10）　神聖的愛

在你們的精神追求中，你們將有大量的愛和慈悲需要表達。愛是生命的融合劑。當你們彙聚於精神的愛流，就置身於萬物一體，向善進化的生命之中。要建立你們的愛流，就得擯棄自私的舉動，擁抱無私的行為。

第十六章　　連接精神諸世界的冥想

冥想使你獲得智慧；缺乏冥想使你變得無知。

—— 佛陀

　　冥想是踐行形而上學的基石。許多事情都是靈魂進化的一部分，但你們的精神努力的基礎是冥想。如果沒有慣常的冥想，你們就不可能攀登精神的階梯。既然聖光是你們精神上升的燃料，聖光冥想將大大增加你們輝光中的精神力量，加速你們的精神成長。養成每日冥想的習慣，將大大增強你們的精神展現過程。

　　冥想是什麼？有許多流派各異的冥想實踐，以適應各人不同的需求和性情。冥想，在本質上，是從上帝那裡接受。這是你們與上帝一對一的相處時間。在冥想期間，你們就暫時退出了生活中的活動。但你們的肉體雖然是靜止的，但仍然非常警覺。在冥想狀態中，你們從上帝那裡獲得精神能量和靈感來更新和增強你們的意識。一旦神聖的力量被接受到，你們就應該掌握並運用它。例如，如果你們在冥想中靜思慈悲和愛的神聖品質，那麼你們就要身體力行發慈悲心，去奉獻愛。

　　與冥想相輔相成的是祈禱。如果冥想是從上帝那裡接收啟示，祈禱就是向上帝祈求，是發出能量。許多人錯誤地認為祈禱是要從上帝那裡得到一些東西。祈禱的作用不是接收，而是給予。上帝很清楚我們的需要，但很多時候我們的意識與神聖的意識流斷開了。我們過於沉浸在個人的關注中，失去了精神的洞察力。祈禱使我們保持聯繫。祈禱的首要任務是與上帝建立聯繫，以獲得與上帝同在的快樂。一旦你們進入凝神專一的狀態，就可以祈求上帝的引導和靈感了。這樣做並非是強求，而是為了任由上帝進入你們的生活。一旦你們以神聖的角度看事物，你們就會知道該做什麼了。

你們與神明的互動也包括使用冥想祈禱。在這種祈願中，你提出了一個具體的要求，以強化你們在生活的某些方面與神聖的聯繫，譬如建立你們的愛流或精神自信。然後你們就會得到上帝希望給你們的加持。冥想祈禱的美妙之處在於，你們是把你們的心智和意識集中在你們所要求的精神品質上，從而使心智保持警覺和專注。

高我的冥想

本書中提供的冥想為一種被稱為高我的冥想[1]，所涉及的是其常規程式中的一部分。沒有任何一種冥想能使人頓然領悟，進化過程是無捷徑可走的。然而，得當的冥想可以極大地支持你們的精神之旅。就我對輝光場的工作經歷以及我所遵循的光國學說傳統而言，我所專注的是用聖光做冥想的方式，以加強輝光場，通過輝光，再到意識的所有方面。在這些冥想的過程中，要觀想聖光流入你們的輝光場。

這種冥想的關鍵是高我。你們的高我是通往天堂的橋樑。在輝光場，具有超覺天賦的人可以看到你們的高我是一個金色的脈輪點，即精神中心，大約懸於頭部兩英尺之處，稱其為冥想的起式，很恰當。（見圖 16.1）。你們的高我是你們神聖本質的一部分，是你們的靈魂在其精神旅程中可以依賴的一道引導之光。它與天堂諸領域保持著永恆的交流，

---

[1] 關於高我冥想過程的全面描述，請參考我們的書《改變你的輝光，改變你的生活》。

同時也敏銳地覺察到在你們身上正在發生的事。來自天堂諸領域的聖光和靈感流經高我點，然後才接觸到你們。

　　開始做高我冥想時，要找一個不會受到干擾的安靜地方。冥想時，你們的全部注意力要集中在冥想上，排除外界的干擾。在冥想的過程中，你們的心智、身體、和情緒都從生活中的活動退出，處在安靜的狀態之中。建議找一張舒適的椅子坐，後背挺直，腳板平放在地板上，不要持蓮花盤坐姿勢。在這種類型的冥想中，精神的力量像電流一樣是自上而下流動的，雙腿交叉或任何"使電線交叉"的方式會阻斷能量流，均不宜採取。

　　身體靜坐時，要默想你們在向上帝祈求的內容。每個神聖的屬性都攜有自身的能量射線，所以提出的要求具體，結果會更有效。一開始，建議你們一次做三到四個推薦的冥想祈禱（如下所述），要留有吸收和運用這些能量的時間。如果不清楚向神明要求什麼，就請神聖的智慧來引導你。

　　放鬆入靜，開始冥想。做幾次深呼吸，調整你們的身心靈的節奏使其應和一致。然後，意想你們周圍有一個金色的保護泡。做任何類型的冥想都要有精神上的保護，這點至關重要。然後將你們的注意力放在懸於自己身體頭部兩英尺之處的高我點上。把這一點看作是金白色的太陽。當你們把注意力放在高我點上時，放下任何煩惱或擔憂。它們並不存在於這個神聖之地。你們時處聖地。要知道，你們的一部分意識是處在對那個更高自我的喜悅崇敬之中。

　　當你們把注意力放在你們的高我點上時，大聲背誦這個祈禱文（要記住它，以後的冥想要用）：

與高我點連接的祈禱詞

𓃭

天父/聖母上帝，我把我的意識提升到
你的意識之中，與你合為一體。
我請求接收到我需要的及我現在就需要瞭解的。

　　你們的冥想祈禱是從你們高我點準備好開始的。你們可以按照本章和下一章中提供的內容，或者使用你們自己的內容進行。請記住，冥想祈禱中的祈禱是請求，而不是命令。你們請求要的是這神聖的能量，但你們所需要的是什麼精神能量卻總是取決於上帝。在你們冥想祈禱中，打開你們的心智，向上帝說出你們的心裡話。心懷崇敬和愛，在冥想祈禱中清楚地用言語表達。觀想聖光，你們請求從神聖的來源" 降下射線"至你們高我點。然後，從高我點，觀想這種降下的光射線照亮你們，你們的輝光，你們的身體，和你們的精神中心點都沐浴在其中。允許這種光接觸到你們的每一個部分：你們的思維、感覺、話語和活動。

　　保持不動，感受光明的加持。感受你們所要求的精神品質和你們的無窮精神表達力在使你們的意識提升。你們的內心知道，有上帝和神明與你們同在，你們可以完成任何事情。

　　在完成冥想時，要為自己的收穫表達感激之情。同時會感覺到精力恢復，頭腦清醒。將所給予的力量用到你們的進化之中；讓它成為你們生活的一部分。初習者，每天冥想15 或 20 分鐘。神明給的建議是，到後來，你們可把時間延長到 30 分鐘，以致更長。冥想的深度也同樣重要。當你們做完冥想時，你們的感覺應該與開始做時有所不同。

　　在這些冥想中，我們不要求你們會看到聖光，但你們會感覺或感受到它的存在。冥想是一種處於神聖意識中的體驗。

四個關鍵的精神中心（脈輪）

在你們的精神構造中，有七個精神中心，即脈輪。聖光雖是要流至你們的輝光的各個方面，但尤其要流經（這七個中的）四個基本的脈輪，因為它們是聖光的強力接收和傳輸站。觀想著聖光在往下流經這四個中心，提升你們。這些精神中心看起來就像色彩四溢的金色光球。

　　1)　心智中心：位於前額的中央，這是你們的意識思維自我的核心。

　　2)　喉嚨中心：位於喉嚨的中間，這個精神中心是你們的創造性的語調的核心。

　　3)　赫密斯中心（亦稱心輪）：位於胸部的中部，這個中心是你們的個人在世的事務核心。在你們有效壽命中發生的一切在能量上都與這個精神中心持有聯繫。

　　4)　情感中心：位於靠近肚臍的腹部區域，這是你情感本質的能量核心。

接收精神上的靈感

　　我們每一天都在得到上帝的眷顧，但我們常常陷在自己的擔憂之中，而對神聖的脈衝並無反應。下面的冥想祈禱將

圖 16.1 冥想的起式

幫助你們更好地調適到神聖的靈感。你們不能用發號施令得
到靈感，但你們可以設置一個適宜接受靈感的環境。感到有
需要時，你們就祈禱。具有超覺天賦的人可以看到靈感的精
神能量顯現的是美麗的粉藍色光。請求這種能量時，將你們
的心智和意識朝向這種神聖流動，去感受它的乙太能量。

為接收靈感而調適到神聖的領域冥想祈禱

請降下粉藍色的靈感射線，

幫助我調適到精神諸世界的創造性振動。

給我靈感，以體現我所掙得的所有創造力。

我要求與來自天堂諸世界的流態引導和指向保持一致，

並盡力將內在世界中已經證明的，在塵世中表現出來，

讓自己和自己周圍的一切變得更美好。

　　要從上帝那裡接收，就需要與我自己神聖的那部分建立
聯繫。對自己內在的精神本質越有覺知，對靈感就越敞開。
紫色的和平之光有助於平靜你們的意識，這樣就能聽到上帝
在對自己說的話。

喚醒神秘本質的冥想祈禱

請降下平靜的紫色光射線，讓我的意識平靜下來，

我可以感覺到內在的永恆生命正敦促我，

要在神聖的創造和表達中向上進取。

願聖光加持我的直覺力，

喚醒我內在的精神本質，

使我更好地理解精神力量的內在作用。

神聖的智慧銀色光射線對於說明心智清理至關重要，能使你們能更好地辨識精神真理和你們自己的主觀思想之間的不同。

加強精神辨識力的冥想祈禱

請降下神聖智慧的銀色光射線到我的精神中心，
幫助我瞭解我在接收的想法是否來自我自己
或是來自上帝的真正靈感。
願這聖光使我頭腦保持清晰、敏銳和客觀。

加快你們的精神成長

神聖生命的許多品質都要身體力行。我們是通過無數的經歷、考驗、艱難困苦、成功和失敗，來積累智慧並得以進化的。把你們所有的機會和挑戰都看作是學習和成長的經驗。這些冥想的設計旨在幫助建立更多的內在力量，以加強你的精神展現。

在以下的冥想祈禱中，你們請求上帝幫助調適你們的意識，使精神展現成為你們的優先考慮。智慧之光的金色射線是一種動態的精神能量，它為行進在精神道路上所必須的勇氣和信心，提供內在力量。

更加重視精神道路的冥想祈禱

請降下智慧的金光，給我力量和勇氣，

　　使我的精神進化成為我生命中的首要任務。
　　幫助我在我的精神展現中勇於行動，
　　以克服任何出現的障礙或挫折，
　　達到我最高的精神潛能。
　　願我在所有的交往活動中，行善周圍。

用於精神成長的精神能量顯現在輝光中是一種美麗的蘋果綠色。它經常出現在頭頂上方，表明靈魂在它的精神上升中正在取得進步。這個冥想禱告旨在把這種能量吸引到你們的輝光中，以支持你們的精神展現。

精神成長的冥想禱告

　　請降下精神成長的蘋果綠射線
　　進入我的精神中心和輝光，
　　更新它們以支持我靈魂的精神展現。
　　幫助我保持靈敏，使我的生活適應神聖的生活。
　　願我在精神旅程中精神煥發。

如果沒有愛和慈悲，你們在精神之旅中就走不遠。真正的慈悲是有能力看到，你們自己和周圍人生命中的神聖火花。當你們或他人行事不端，待人不善時，可能就難以看到它。但無論其行為如何，神聖的火花仍然存在。它不受玷污或者腐蝕，即使我們的輝光因惡行的影響而變暗也是如此。慈悲提升你們，而且你們的慈悲之光所到之處，對任何人都有提升的效果。在輝光場，慈悲表現的是一種美麗的粉紅色光。

建立慈悲心的冥想祈禱

請降下精神之愛的深玫瑰粉紅射線

進入我的精神中心和輝光啊，

讓我對他人和我自己都充滿慈悲。

啟迪我去尊重我交往的每個人內在的神聖火花。

幫助我理解，我們都誕生於同一個精神來源。

願我表現出善意和理解，即使他人對此不作回報。

願我感受到精神的喜悅，感恩走在精神成長的道路上。

虔誠是建立精神力量的一個基本組成部分。通過誠心盡力，你們所建立的是與上帝的直接紐帶。你們有你們在塵世的多種責任，但最終，你們僅對上帝負有義務。皇室藍光的射線是虔誠和奉獻的精神力量。它是輝光中的"真藍"能量，表明你們的努力是真誠的。

加強虔誠的冥想祈禱

請降下寶藍色的虔誠光芒進入我意識的各個層次

加深我對上帝和神聖的過程的奉獻和虔誠。

説明我釋放我的意識中有分歧的部分

那些還有待與神聖的脈動協調一致。

通過這種神聖的力量，

願我與上帝建立更緊密的聯繫

並且忠於我自己的神聖本質。

關於我們的精神進化，需要學習東西有很多，如同任何值得付出的努力一樣，教育和訓練是形而上學的基本要素。專注的檸檬黃光射線對集中意識效果十分好，在學習新東西，以及積累精神知識時都能提供與支援。

學習精神知識的冥想祈禱

※

請降下專注的檸檬黃光射線，
加快我的心智，更易於接受精神知識。
給我光亮，願我能辨識出
有美德的精神教育及偽造或誤導的學說，
在神聖的時刻，願我找到真正的精神教師，
該老師就能支持我的精神上升。

克服精神道路上的考驗和挑戰

在精神的道路上行進是極為刺激的歷險，但也絕非易事。一方面有事隨人願的回報，奇聞異事的驚詫，另一方面也會觸及內外的挑戰。你們周圍的環境，既有利於精神成長的順境，也會有逆境。當你們認識到精神道路的價值時，卻會發現它很難走完，這些內在衝突，你們可能都會有，任何有價值的努力都將少不了這些必要的條件。

這個冥想祈禱是為了幫助你們與你們的精神根源建立聯繫而設計的。地球上的每一個靈魂都是神聖過程的一部分，無論他們在精神旅程中到了何地。明瞭這一點可以幫助你們明白，你們一直都在獲得精神支持。你們從來都不是孤獨一人。白光使你們保持與上帝的關聯。

與我的宇宙起源相聯繫的冥想祈禱

※

請降下純白光，幫助我感覺我的天堂起源
由此誕生的我的精神潛能和神聖的目的。
願我能通過旅程的各個方面都能感受上帝的支持
知道我從不會孤單——上帝總是和我同在。
幫助我在生命無限的美麗和多樣性中，
在它更偉大的創意表達中做出貢獻。

有時，我們是自己的最大敵人。我們會在無意中阻礙而並非加快我們的精神成長。犯錯的通常是人格自我。誠實地看待自己的缺點。你們的上升過程就是在不斷地克服自己的諸多不完美，要做到這一點，你們需要看清它們是什麼。如果你們看到自己的某個錯誤，就要注意需要怎樣去糾正它。神聖的智慧的銀光射線將會說明你們更清楚地思考和看到事物。

冥想祈禱從妄想中解脫出來

請降下神聖的智慧的銀光射線以揭露
阻礙我精神之旅的個人任何不良動機。
把我從任何精神上的自以為是、目中無人以及任何
錯誤高估自己在精神階梯上的位置的觀點中解放出來
幫助我用良好的判斷力和理性看清楚
在我精神的展現和下一步中我處在的地方。

謙卑是精神上成功的基礎。有些人錯誤地認為，謙卑是一種軟弱的標誌，而實際上，這是一種力量強大的標誌。當你們具備了謙卑，你們就明白你們在有序的宇宙中的位置，以及你們在神聖的計畫中所起的作用。通過真正的謙卑，宇

宙的力量將為你們打開，使你們以最佳的服務成就更高的福祉。平衡與和諧的寶石綠光射線有助於你們的律動與神聖的脈搏保持一致。

感應我在有序宇宙中的位置的冥想性祈禱

請降下平衡與和諧的綠寶石光射線
讓我在進化的神聖計畫中自我調適。
賜予我謙卑使我知曉我在宇宙中的序位。
願我認識到我對神聖的過程必不可少，
我對神聖的計畫做出的貢獻也不可或缺。
遵循天堂的生命順序，我心朝向上帝歌唱。

這本書中明確地指出，療愈是精神生活的一部分。到了我們進化的不同階段，我們就會有撫平創傷和要求轉變的需要。藍白的火光射線是一種必要的能量射線，用以撫平身體、心智和靈魂。觀想這精神之火使你們意識的每一部分都沐浴其中，舒緩和癒合那些痛苦的地方。如果你們感到沮喪，這個祈禱很適合改善你們的心情。

療愈精神的冥想祈禱

請降下更新生命力的藍白火射線
讓它會流入我意識的各個層面，
療愈我的心智、身體和靈魂。
轉化我生命中任何的病態
讓他們恢復健康與幸福。

　　精神的展現並不是一個一夜之間的過程。靈魂的學習是通過經驗，而通過這些經驗是需要時間的。有時我們會不耐煩。我們希望事情的發生是依照我們的時間，而非神聖的時間。我們會逼迫得太緊，給自己和他人造成壓力。勤勉地做好你們應做的事，餘下的要由上帝來安排。如果你們在盡自己的一份力，你們的精神進化展現的節奏就是自然的律動。

行路途中要有耐心的冥想祈禱

請降下平衡與和諧的綠寶石光射線
讓我進入神聖的節奏
使精神生活能依照神聖的時間在我的內心展現。
我相信神聖的過程，知道我在攀爬精神的階梯
因為我已經贏得了此行的權利。

　　我們都會犯錯；這是學習和成長過程的一部分。犯了錯誤，最重要的是要認識到錯誤，並且糾正它。不要譴責自己，因為那只會讓你們在錯誤的能量裡出不來。與此同時，也不要粉飾錯誤，因為那樣只會讓你們重蹈覆轍。真正的救贖可以打開精神成長的新機會，是我們前世今生中的主要轉捩點。

救贖的冥想祈禱

請降下純淨的白光射線到我的輝光，
將任何黑暗的角落從我的意識中清除出去。
我請求上帝寬恕我所做的任何有悖神聖法則的事。
願這純潔的聖光救贖我的靈魂，

把它帶回我精神上升的全流程。

你們不是獨自走這條路，但有時卻有那種感覺。所愛的人可能與你們的精神抱負相和諧，也可能不。關鍵是愛。愛那些你們所愛的人，不管他們是否理解你們對形而上學愛好。同時，還要找到那些你們在這條路上的同道者。有人分享的旅程會更為精彩。

為吸引靈魂上的志同道合者冥想祈禱

請降下精神之愛的深玫瑰粉光射線，

清除我行進在精神道路上的孤獨感。

我知道在旅程上的每一步，都有上帝的陪伴。

我請求愛的聖光從我高我點流入振動的乙太，

吸引志同道合的靈魂和精神同行者與我分享旅程。

第十七章　　睡眠以及到精神世界的旅行

把一天的行為過三遍再合眼。什麼做得好，什麼做的不夠好，什麼還未做完？

——畢達哥拉斯

在上兩章中，我們研究了說明你們加速精神成長的一些工具。我們探討了有利於精神進化的生活方式和生活準則的基本作用，以及日常的冥想和祈禱對成長是如何的不可或缺。現在，我們將討論睡眠與你們的精神進化之間美好而又神秘的關係。

睡眠一直以來就有一種神秘的元素。在古代文化中，睡眠被視為一種暫時的過世後狀態——一種更接近靈魂、與祖先並和他們所崇拜的神明進行交流的時間。當今，睡眠被認為是身體在更新的時間部分。我們都需要在晚間好好休息。睡眠對恢復能力是至關重要的。科學研究了睡眠中的大腦/身體活動，並找出了一些顯著的模式：輕度睡眠支持放鬆；深度睡眠支持身體恢復活力；快速眼動睡眠作用於使大腦功能健康。然而，睡眠的好處遠不止僅限於生物上的。在睡眠期間進行的精神上過程，對靈魂有很大的好處。

在睡眠中，意識心智處於休息狀態，但你們的精神部分還是活躍的。精神上在進行更新，這有助於消除我們的意識疲勞，恢復清醒。當你們睡覺的時候，上帝在加持你們的輝光。所以聖者們不僅在你們意識清醒時為你們工作；在你們意識睡眠時它們也在幫助你們。這種精神上的復原對心智、身體以及精神上的健康和幸福都是至關重要的。在很多方面，你們在睡覺的時候更接近精神，因為此時你們的大腦並未專注於日常事務。在這種極度放鬆的狀態下，你們更樂意接受上帝。

除此以外，關於睡眠和精神世界，還有其它的現象，雖出乎人們的意料，但卻為神秘主義者所熟知。我和你們曾分

享過我個人在夜間的諸多精神旅行中的幾次，以及我對這些
經歷的一些記憶。我天生就有一個才能，可以在意識裡記得
這些旅行，況且作為一個超覺天賦者和教師，我多年來一直
在發展它。然而，這種才能並不是我所獨有的。其他有類似
神秘天賦的人，比如我的精神教師伊內茲，也有能力去有意
識地進入內在世界。

　　通常不被人們理解的是，在你們的一生中，為了在精神
旅程中恢復精力並獲得啟迪，你們不時地要被帶出肉體進入
內在世界。這些對內在世界的間或造訪，就發生在你們晚間
入睡的時候。凡屬地球上的靈魂，無論是否有意地追求某種
精神道路，這種造訪一概都有發生。大多數情況下，你們的
意識不會回憶起這段經歷，但你們卻會從中受益。當這些經
歷發生時，你們並沒有處在死亡狀況下，這與正常的離體經
歷不是一回事。這是內心世界的旅行。你們是在配合這個過
程，但並未主動發起它。這種有條不紊的穿越旨在支持你們
的靈性進化，是經過精心策劃，並由天使來指揮的，所以十
分安全便利。

　　這些對內在世界的間或造訪有幾個原因。上帝會週期性
地帶你們到內在領域去，以保持你們與精神諸世界的聯繫。
地球只是一個暫時的棲息地；精神領域才是你們真正的家。
即使在塵世生活中，你們的一部分仍然與精神世界保有聯
繫。無論在塵世生活中發生了什麼，你們與上帝之間的聯繫
從來都斷不開。在晚間去到內在世界有助於脫開塵世的憂
愁，讓靈魂的精神煥發。另一個多次到這些內在世界旅行的

原因就是，使你們持續地走在精神道路上，在你們完成目標的過程中給與你們支持。

當你們前往精神諸世界時，你們對在發生的事是知道的，但當你們一回到肉體裡，你們就不會記得這次經歷了（但也有很少的例外）。你們在這些領域並不久留，因為你們仍然是在塵世生活。在你們回到肉體後，上帝會幫助把所到精神世界的經驗整合到你們的輝光之中，從而啟迪你們醒來時的生活。雖然在意識上對內在世界的旅行鮮有記憶，但由其靈感產生的生動夢境卻並不少見。一旦醒來，其給與的影響就會被你們無意識地感覺到。依據你們接受度的多少，你們會發現自己都受到一些觀念的啟迪，而它們就來自內在世界的指導。

你們被帶到彼岸的哪裡？你們可以到達在不同的地方，但大多數時候你們要去比較高層的星光世界並進入那裡的聖殿，即我們一直在探索的精神訓練中心。這些夜間的精神旅行多長時間去一次？根據你們生活中發生的情況，你們可能會一個月去一到兩次。也可根據新的需求而增加。當你們處於困難的境地，需要幫助時，你們可能就會被帶往內在世界。如果你們需要療愈或正處於改變人生決定的當兒，你們可能也會被帶去那兒。你們被帶到那兒，是為了在你們的精神成長中接受教導和獲取支持。準備懷孕的男女雙方將會造訪內在世界，去面見將要成為他們孩子的靈魂。如果你們在做傷害自身和他人的事，你們可能會被帶到內在世界，去看你們行事上的錯誤，這樣你們就好糾正。天使們把領袖們帶到內在世界，給與引導和指向。那些準備要離世的人通常會被帶到彼岸去進行心理上的準備。

　　為什麼我們不記得這些精神諸世界的旅行呢？在超覺天賦的活動的所有方面，在意識上恢復對內在世界的記憶也許是最困難的。但話又說回來，你們與精神世界建立聯繫並不需要去看到它。只要心智保持開放和接受，給予你們的加持，就可以得到整合。最終，你們的精神努力帶來的還是直接的體驗。

　　我的母親絷菲裡亞有超覺天賦，但未經過專業訓練。她過去常談起她到內在世界的經歷。她有虔誠的宗教信仰，但也會有形而上學的經歷。有一次，她得了重病。曾有一度，生命都受到威脅。有天早上她告訴我，她記得自己剛到過彼岸的一個美麗的地方。一個天使走近她。她嚇壞了，以為自己可能快死了，便脫口而出："我在這裡幹什麼？！"天使讓她放心，說自己是來幫助她的，她在一個做康復的聖殿裡。有過這次經歷之後，我的母親的病確實好多了。這次對內在世界的認識使她的餘生都過得安心。

　　內心世界的旅行和做夢是一回事嗎？不是，兩者不同。在傳統沿襲上對清醒做夢的研究和對夢境的詮釋都很豐富。如果你還記得，當我們的進化通過星光第二層面時，我們的運作是在夢心智中。儘管我們已經通過了這個階段，夢心智仍然是我們的心智構造的一部分。我們通過做夢處理的經歷，是不經智力詮釋的。這就是為什麼在夢中，最荒誕離奇的活動捏合在一起看來都完全合乎情理。只有當你們從夢中醒來，細細回想時，你才會開始找出那些不合情理的地方來。

許多人覺得上帝是通過夢對我們說話的。從形而上學的觀點來看，這既是真的，也不是真的。當我們在睡眠中時，上帝肯定會對我們說話，當這種情況發生時，我們可以回憶起足夠的內容，用以詮釋這神聖的經歷，不是針對經歷本身，而是我們詮釋夢中的該經歷。這樣做，你們印象最深的地方就是離上帝的最近之處。

促進夜間的精神加持

為了補充你們每天的冥想練習，我們想提供一個有針對性的夜間冥想聯繫，專門用以促進你們在睡眠時的精神過程。這些冥想應該在就要睡覺之前進行。把睡前冥想列為你們精神練習的一部分。與夜間精神工作建立融洽的關係，其好處是巨大的。這可以帶給你們更多的寧靜，靈感，更平衡的意識，做事的動力更強。

這個夜間冥想練習有五個步驟。我們將詳細介紹每一步，但實際練習花費的時間不易超過 10 分鐘。

1. 從精神上準備好你的臥室。
2. 在精神上做好自己睡眠的準備。
3. 促進睡眠時間的精神更新。
4. 促進來自精神諸世界對睡眠時間的加持。
5. 將睡眠時間的精神體驗整合到清醒時的意識中。

從精神上準備好你的臥室

你們的臥室是你們的庇護所。在精神上，你們希望你們的臥室和床在聖光中得到加持。最好先點支蠟燭再開始冥想，但到過程完畢睡覺之前就要熄滅。焚香也很好。這有助於創造一種精神氛圍，有利於進入睡眠環境。

你可以坐在床邊或附近的椅子上進行冥想。按照高我冥想練習，提高你的意識，並要求上帝讓你的臥室充滿純淨的白光，以釋放任何可能出現在氣氛中的負面影響。感受充滿在房間裡的精神力量。然後請上帝把你們的床罩在一個金色的光泡內，保護起來。

給你們的臥室加持的冥想祈禱

我請求你降下純淨的白光

到我的臥室和睡眠區域，

釋放掉任何不和諧的東西，

在聖光和愛中提升房間的振動。

用金色的保護光圍繞著我的床，

使我睡眠時在精神上得到保護。

如果你們和你們所愛的人同床而眠，就要求金色的光也環繞著他們。如果他們不舒服，這些能量可能會無意中轉移到你們身上。

為睡眠做好在精神上的準備

在當今快節奏的世界裡，晚上睡個好覺似乎都很難。在漫長的一天工作之後，通常是忙到深夜，或者說整天都在忙不停，經常是到"累癱"了我們才睡下。隨著互聯網的無時不在，我們生活在一個一天 24 小時，一周 7 天都有活動的週期中。白晝和黑夜的自然迴圈也被打亂了，因為明亮的燈光可以在白天或晚上的任何時候使我們興奮。生活在舊時的人類在夜晚是靠蠟燭或火光照明的。當太陽落山時，生命的活動自然會放緩，帶我們進入一種不同的節奏。在許多神秘的傳統中，夜晚是一個放鬆、回顧和內省的時刻，吸收白日的經歷，為睡眠中的精神過程做準備。然後，當第二天早上太陽升起時，我們便又一如既往地忙碌起來。科學已經告訴我們，褪黑激素，一種調節我們清醒-睡眠模式的激素，在很大程度上受到晝夜變化週期的影響。

當一天的事處理完了，最好回顧一下你們在一天中做得好的，或者不好的地方。這是一種個人的清點，幫助你們在精神上保持正常。趁記憶還新鮮，當天事畢後再過一道腦子是個很好的做法。一旦回顧完了，那麼你們就要準備睡覺了，儘量把一天的煩心事都放下。無論白天發生了什麼事，你們都要把腦子放空。如果你們有失眠症，就要排除影響到你們的睡眠週期的，深層次的生理狀況。如果沒有這種問題，那麼失眠可以是想事多引起的。很多時候，我們犯的錯誤就是把麻煩帶上床。躺在床上思考問題會刺激意識，使我們更難以入睡。在睡前上網或看電視會刺激意識，也不妥。當你們準備好入睡時，你們要的是讓腦子安靜，不想事。

如果你們還沒有這樣做，就要養成健康的睡眠習慣。對睡眠時間的考慮也要與自然相應合。保持與自然的聯繫，就會保持與生活節奏的聯繫。睡眠專家概述了良好的睡眠習慣，包括習慣性的睡前放鬆和 7 到 8 小時的睡眠。避免在深

夜攝入食物或咖啡因，上床睡覺的時間有規律，定時醒來也
是健康睡眠習慣的組成部分。

　　為了幫助你們能安然入睡，或者說如果你們難以入睡，
我們建議你們使用白光和紫光射線。白光讓你們擺脫當前的
擔憂或煩惱，而紫色對神經有舒緩作用。

促進睡眠的冥想祈禱

꩜

請降下柔和平靜的紫光射線

讓我的心智安靜，身體放鬆。

讓這種溫和的能量進入我的神經系統，

釋放任何負擔、焦慮或壓力。

（稍停一下，感受聖光到達你們的精神中心和肉體。）

然後我請求你降下純白光

給我的肉體和意識注入精神上的力量

讓我安然入睡。願這神聖的能量

提升我的心智，肉體，和靈魂，

擺脫任何擔憂和上帝合為一體。

　　感受聖光在給所有層次的意識，脈輪，你們的輝光，和
你們的肉體加速。

促進睡眠時間裡的精神更新

為了準備在睡眠中得到精神支持，觀想自己被包在一個白光
泡或深粉玫瑰紅光泡裡。下面的冥想祈禱是請求上帝支持你
們將要經歷的精神過程，為預期的夜間精神旅行做好準備。
你們每晚都得到上帝的支持，但你們卻無法控制何時你們被

帶到精神世界。無論發生什麼，這種夜間冥想會增強你們接
受精神更新的能力，並支持你們與內在諸世界的聯繫。通過
這種冥想，感受到你們頭頂上的高我點被白光加速。

更新意識的祈禱

願我在睡眠中，所有的意識層次上
都獲得神聖的充盈而精力恢復，頭腦清醒。
願我能把這些力量完全整合到我意識的各個層次上。
醒來時，我便獲得更新和靈感，
迎接新的一天和促進我的精神成長的良機。

稍停一下，感受神明在與你們建立聯繫。

促進睡眠時間裡來自精神諸世界的加持

在下面的冥想祈禱中，你們請求神明以聖光來加持你們，聖
光是直接來自內在諸世界的聖殿。我們之前曾解析過，聖殿
就是彼岸的精神訓練中心。聖殿這個詞被定義為“聖化的空
間”，這的確是名符其實的。從聖殿接受的精神能量很強大，
因為你們不僅受惠於聖光，而且還得到聖殿本身的力量。

因為這發生在在你們睡覺的時候，天使可以更直接地作
用於你們的輝光。當這些夜間的冥想恰逢上帝帶你們去內在
諸世界，對你們的支持會很大，是對常規冥想的很好補充。

每晚當你們想要做冥想時，從這些內容中取一到兩段，
作為你們夜間冥想練習的一部分。

用於淨化的聖殿冥想

橙紅的火焰是一種淨化的精神力量，把你們的輝光和意識中
令人不安的能量，包括不健康的想法、憤怒、怨恨、焦慮、

嫉妒、恐懼等等都釋放出來。在較高層的星光世界中，司淨化的聖殿是靈魂去做負面精神深層釋放的地方，這些負面的能量要麼是自造的，要麼是從生活中吸收的。在這座聖殿裡，肉體的疾病和傷害對精神的影響得到釋放，所以意識可以更好地自我療愈。

在這些冥想中，感受你們的高我點被你所要求的聖光加速，並堅信在睡眠中上帝會以這種力量中加持你們。

請求加持橙紅火焰的聖殿冥想祈禱

在聖光和愛中，如果這是你的意願，

我要求在我的睡眠中通過天使

從司淨化的聖殿收到淨化的橙紅火焰。

願這種生命能量淨化我所有不健康和無明的能量。

醒來後，願我敞開接受被賜予的力量和加持

跟隨直覺走。我以你的聖名來請求。

司療愈的聖殿冥想

永生的藍白火是既有的最強大的精神能量之一，對所有類型的療愈是必不可少的。它帶來的宇宙生命力用以灌輸和補充你們的意識。當你們的能量消耗了，你們需要重新補充能量。這種神聖之火的作用就在於此。如果你們感到疲憊、沮喪，或積極性低，藍白火對你們會起到真正的提振。療愈的聖殿是精神諸世界中最大和最活躍的聖殿之一（見插圖7.1）。許多生病的人在睡眠中被帶到那裡做康復和更新。

請求加持藍白火的聖殿冥想祈禱

在聖光和愛中，如果這是你的意願，
我請求通過天使在我的睡眠中
從司療癒的聖殿中收到永生的藍白色之火。
願這神聖的動力能源給我灌輸，再灌輸新的生命力，
用它的治癒力加持我。醒來後，
願我敞開接受被賜予的力量和加持
跟隨直覺走。我以你的聖名來請求。

司聖愛的聖殿冥想

深玫瑰粉紅射線帶來神聖的愛、慈悲、善良和歡樂。這種能量有助於加深與他人的所有關係。如果你們處於一段難以相處的關係中，或者感受到愛情傷痛，這種能量對於心碎的療傷是必不可少的。如果你們感到孤獨或被忽視，深玫瑰粉紅射線會將你們與無所不在的、無條件的神聖之愛聯繫起來。

　　愛之聖殿是精神諸世界中最美麗的聖殿之一（見插圖8.1）。如果你們需要請求寬恕或需要去寬恕，這個聖殿提供的加持會很有幫助。這是一個廣受喜愛的聖殿，專司加強和擴大你們的愛流。我們不僅都需要愛；我們還需要表達愛。

請求加持深粉玫瑰紅光射線的聖殿冥想祈禱

在神聖的光和愛中，如果這是你的意願，
我請求在我的睡眠中通過天使
從愛之聖殿裡收到精神之愛的深粉玫瑰粉紅光射線。
願這種神聖的動力能源在神聖的愛和慈悲中提升我，
讓我感到與神聖的源頭相連。醒來後，

願我敞開接受被賜予的力量和加持

跟隨直覺走。我以你的聖名來請求。

司神聖的和平的聖殿冥想

紫色的和平之光，其色度比紫羅蘭色更深 ，能給所有層次的意識帶來了平和和寧靜。和平聖殿是一個真正莊嚴、神秘的地方。每當你感到煩躁、焦慮、心神不寧、坐立不安、極度活躍或不平靜時，無論出於任何原因，從這座聖殿獲得能量都會有很大的説明。通過召喚這種能量，你將證實萬物是神聖的一體，並更好地體現你所參與其中的這個榮耀的精神過程。

請求加持紫光射線的聖殿冥想祈禱

在神聖的光和愛中，如果這是你的意願，

我請求在我的睡眠中，通過天使

從和平聖殿中收到寧靜的紫光射線。

願這種平靜的力量加持給我

"平和的寧靜及寧靜的平和"，

讓我的思想、身體和靈魂安靜。

醒來後，願我敞開接受被賜予的力量和加持

跟隨直覺走。我以你的聖名來請求。

司智慧的聖殿冥想

金光射線帶來智慧和光明。需要內在力量、動力、勇氣和理解，就可召喚這個能量。我們要成功地應對生活的挑戰就需要精神上的堅強，金色的光芒就給你這種力量。司智慧的聖殿坐落于風景秀麗的土地上，是一處宏大可觀的聖所。當你們在生活中尋求導向和指示，或者懷疑你們是否有能力去完成你們的生活中的諸多工時，這是一個你們請求要去造訪的聖殿。這座聖殿是領悟更偉大的遠景以及以上帝的眼光看待生命的來源。

請求加持金光射線的聖殿冥想祈禱

在神聖的光和愛中，如果這是你的意願，

我請求在我的睡眠中，通過天使

從司智慧的聖殿中收到精神之愛的金光射線

願這神聖的力量在我的精神旅程中加強我，

在理解和智慧方面照亮我。願我感到

上帝在我所做的一切中與我同行。醒來後，

願我敞開接受被賜予的力量和加持

跟隨直覺走。我以你的聖名來請求。

司繁榮昌盛的聖殿冥想

綠松石光射線帶來的是充裕和富源的意識。當你們在擔憂金錢，處於經濟拮据時，或者如果你們想要逐步建立你們的富足的意識時，這種能量，不僅在財務上，而且在友誼、健康、創造力，等等方面都是極好的。司富足的聖殿是人們學習財富的精神基礎的地方。司富足的聖殿是一個宏偉的地方，在那裡神明教導人們如何在他們的輝光中增加這種力量，以及如何應對富足提供的挑戰和機會。

請求加持綠松石光射線的聖殿冥想祈禱

在神聖的光和愛中，如果這是你的意願，

我請求在我的睡眠中通過天使
從司富足的聖殿中收到富足的綠松石光射線。
願這神聖的力量提升我的心智、肉體和靈魂
以使我整合這富足的神聖原則，並在活躍的生命中
呈現這種力量。醒來後，
願我敞開接受被賜予的力量和加持
跟隨直覺走。我以你的聖名來請求。
在清醒意識中整合睡眠時間裡的精神體驗。

一旦你們完成了你們的夜間的冥想，表達你們對上帝的感激之情，就吹滅蠟燭，放鬆下來，晚上睡個好覺。你們早上醒來時，在開始一天之前先靜躺不動，回想一下你們腦海中跳出的最初想法或印象。如果有幫助，就把它們記下來。當你們初醒時，你們較為容易接受前一天晚上精神上發生的事情。如果沒什麼出現，那就不要管它了。你們要清楚地知道，靈感會在你們需要的時候出來的。

　　醒來的過程和入睡的過程一樣重要。所以，最好不要馬上從床上跳起來或賴床過久。如果你不要鬧鐘就能醒來，那是很理想的。或者也可以設置一個鬧鐘，輕緩地喚醒你，因為這有助於從睡眠到清醒的精神轉變。

第十八章　通往天堂的路是用愛鋪就的

重要的不是你做了多少，而是你在你所做的事情中投入了多少愛。

——特蕾莎修女

　　你們有自己的節奏，按其而來，你們自然會培養出自己的才能和技巧，並到達所有這些領域的輝煌。這些在催促你們奮發向上。竭盡所能，全力以赴去追求你們的精神道路。如果你們感到沮喪或失望，相信上帝，並且自己要堅持最高理想。精神上成熟的生活是存在的最偉大的生活。最大的滿足安全和稱心如意的來源莫過於靈魂不朽屬性的綻放。你們的內在精神有一盞燈，那就是你們。讓那精神發出燦爛的光吧，為眾人照明造福。

　　在你們的精神之旅中，愛是關鍵。如果你們的愛之潛能沒有持續性地展現，你們就無法攀登精神的階梯。你們的精神上升是一條愛的道路。痛苦、悲情和哀傷是行雲；愛才是永恆。讓更高維度的生命知識現世，是為了揭示精神道路上的視野壯闊美麗，並告訴你們值得希冀的事會層出不窮，而愛永遠是基礎。

　　你們一輩子能在精神上攀升的高度有多少呢？這要由你們的業力圖決定。在通常情況下，從一個層次到另一個層次的進步是個穩定而緩慢的過程。當你們進入較高的水準時，你們對你們的進化過程有了意識上的合作和支援，因而速度就會加快了。今天，人類被真正地賦予了加速其發展的金鑰匙。我真心敦促你們充分利用這些精神上的良機。他們會帶你們走很遠。

　　需要多長時間才能達到精神的頂峰？攀登梯子回家需要很長時間，但這趟旅行優雅而莊嚴，每一步都很美妙。事實上，只要你們能到達那裡，要花多長時間又有什麼關係呢？真正的問題不是需要多長時間，而是為了到達那裡，你們是

否在做你們該做的事情。如果你們覺得一成不變或了無生
氣，總有更多的事情你們可以做。如果你們過度擴張，腳步
就要減慢；精神的成長不是賽跑。

我們的進化是堅持和耐心的結合，以及明顯的矛盾統
一。在一種意義上，我們的神聖性和精神性永遠如一，但與
此同時，我們又在不斷地展現更偉大、更燦爛的精神力量。
我們走在通往光榮目的地的路上，我們當下也生活在永恆之
中。我們的進化過程永無止境，然而也有明確的階段和時
期，在創造著興奮、神秘和跌宕起伏。

要看清楚你們的內在品性。你們的弱點是什麼，你們的
優點是什麼？看看你們是不是在做最難做的事情之一，就是
愛你們自己。這不是空泛的愛，而是無論你們走到哪裡，都
接受你們自己的所在，包括你們在任何特定時刻所具有的品
性。你們和其他人一樣，都是神的一部分，你們有權愛你們。
即使你們在自己身上看到了你們不喜歡的事情，也要開始愛
自己。當你們接受並且愛自己的那一刻，你們就獲得了一種
提高你們意識的巨大的力量。你們還會發現自己擁有了一種
接受他人的能力，無論他人處於旅途中的任何位置，一概接
受。

在你們的精神攀登中，有很多事情你們會沒有物理上的
證據，所以你們將需要一個堅定的信念。這並非是未經思索
和理智判斷就接受的盲信，而是一種動力強大的神聖信念，
該信念一經確立就終會實現。你們的信念必須持之以恆。不

可時斷時續，因為每次你們斷開它，你們都關閉了本可以給你們揭示的東西。

要在精神道路上取得成就，你們需要的另一個方面就是希望。希望和信念是攜手並進的。任何人都可以說，"天堂就是這樣的。"任何人都可以給你們一張圖片，上面的東西你們未必都親歷見證過。生活、學問和知識是要擴展的，要擴展就需要一個基本要素，那就是希望。當你們喪失希望的那一刻，豈不是把生命都丟棄了嗎？當你們周圍的一切看似崩潰，盡顯絕望之際，就是你們最需要希望之時。許多勇敢的靈魂，雖所剩無幾，仍滿懷希望。希望，連同信念才是最重要的，它最終會引導你們知其所以，即通過親身經歷發現神聖的真理。

如果你們對需要做的事情看不周全，也不要洩氣。你們只要盡己所能，其餘一切便會各就其位。要認識到每堂課，即使是那些痛苦的教訓，都有助於你們成長。要注意正在給你們顯示的東西。這是認出上帝在和你們說話的唯一方式。記住：在上帝的眼裡，你們都是寶貴的。在這個偉大的旅程中，願上帝一路保佑你們回歸你們永恆的家園。

鳴謝

這本書的寫作過程從始至終是一部充滿愛的辛勤勞作。和我們所有的書一樣，它來自上帝的靈感，我們的指路明燈。神明帶來的靈感是多層次的，令人驚訝的是，他們想在為適合大眾看的書籍中，分享的內在生活竟有如此之多。這只能意味著有許多人已經準備好接收其資訊了。祂們給追求精神生活的人們傳遞的資訊是鼓勵和愛，我們希望我們是祂們稱職的代筆人。

我們感謝所有精神文理學院的學生、工作人員和支持者，他們為這項工作的進展提供了空間和鼓勵。特別感謝尼爾‧明茨和安娜‧明茨所提供的實際幫助。我們要感謝芭芭拉的家人：瓦西裡、麗亞、肯和艾曼達。還有莫拉蒂斯一家：菲力浦、安瑪麗、艾倫、安妮和茉莉亞；還為了紀念迪米特裡已過世並進入更偉大的生活的父親喬治。

我們非常感謝喬納森‧威爾特郡所做的美術插圖。和他一起工作是一種樂事。他在畫布上創作時對內心世界感覺的能力確實是令人驚歎。他的這些插圖的油畫掛在我們的培訓中心，供所有研究院的學生啟發靈感之用。我們對我們的編輯，馬修‧吉伯特表達熱誠的謝意。他出色地提高了作品的行文措辭，同時也保留了原汁原味的作品精神及其精神基調。

　　我們感謝尼塔・伊巴拉做的出色的封面和書內的設計。這是她為我們做的第五本書的封面；每一本書的設計都完美地反映了該書的語境和感受。我們要感謝精神文理學院的出版團隊——梅麗莎・洛夫、朱莉・奎因、珍妮特・科爾和西蒙・瓦立克-史密斯，感謝他多年來對建立精神文理學院出版部門的指導和支持。我們感謝 SCB 的經銷商，包括亞倫・西爾弗曼和加布裡埃爾・威爾莫斯，以及奈傑爾・約沃斯在銷售和分銷方面的指導。我們要感謝薩拉・斯加拉特在公共關係方面的卓越表現，洛瑪媒體的行銷專業知識，以及莎拉・凱利在社交媒體上的努力。

關於作者

　　芭芭拉·Y·馬丁是世界上首屈一指的超覺天賦者和形而上學的教師之一。她被親切地稱為“形而上學界的莫札特”，五十多年來她一直是精神發展的先驅。她是一系列獲獎書籍的合著者，其中包括國際暢銷書《改變你的輝光改變你的生活》、《業力和輪回》、《你的輝光具有治癒力》、《動物有愛》和《與上帝的交流》。芭芭拉是精神文理學院的聯合創始人和聯合精神負責人。她教授了成千上萬的人們如何通過用輝光和精神能量來改善他們的生活。

　　迪米特裡·莫拉蒂斯是精神文理學院的聯合創始人和聯合精神負責人。迪米特裡一直在做實際工作，把精神文理學院帶到今天的地步，成為了一個聲望很高的形而上學學校。他與芭芭拉合著了國際暢銷書《改變你的輝光改變你的生活》、《業力和輪回》、《你的輝光具有治癒力》和《與上帝的交流》。對各類有關精神方面的課題，他是一個雄辯的演講者，曾在全國各地發表演講，出現在許多廣播節目中，並與芭芭拉一起領導了該學院所提供的講習班和培訓課程。

關於插圖畫家

　　喬納森・威爾特郡在很小的時候就開始畫畫了。他的美術插圖曾出現在《天使時代》雜誌和《美國藝術家》雜誌上，並出現在許多書籍和視頻中。他曾是基督教神秘主義者弗勞爾・阿琳・紐豪斯的插圖畫家，為其工作了二十年。他被加州艾迪懷德藝術聯盟授予年度藝術家。喬納森將他一生的工作奉獻給了這樣一個準則，即藝術旨在喚醒我們內在的感知能力，並鼓勵和改變旁觀者。他創作的種種形象都是通過直覺和想像構思的，是對無形世界的探索。

關於精神文理學院

　　精神文理學院致力於輝光，精神療愈，以及靈魂成長，是一所名列前茅的形而上學學校。該學院由其教師芭芭拉‧Y‧馬丁和迪米特裡‧莫雷蒂斯共同創立，其使命是説明各行各業的人們加速他們的精神理解力和發展。作為精神總監，芭芭拉和迪米特裡領導專案培訓和創始人活動。

　　該學院提供改變人生的課程，通過七個精神人文科學課程和更多課程從單一的研討會到深刻的，深入的培訓。所有的課程都是基於一個豐富的，具有 4000 年歷史的神秘傳統，並建立在芭芭拉歷經 50 年以上，廣泛的超覺天賦經驗。在經驗豐富的教職員工的支援下，該學院提供個人精神發展、聖光療愈，和形而上學學說的認證培訓。學院提供線上和線下上課方式。

　　該學院的出版部門根據馬丁和莫拉蒂斯的作品製作形而上學的書籍、視頻和音訊。他們的獲獎書籍在世界各地出版，旨在與世界各地的精神真理尋求者分享神秘的聖光學說。

　　精神文理學院地址：美國加利福尼亞州恩西尼塔斯，恩西尼塔斯大道 527 號 206 室，郵遞區號 92024

Spiritual Arts Institute https://spiritualarts.org
Suite 206, 527 Encinitas Blvd., Encinitas, CA 92024

　　1 (760) 487-1224　Toll Free: 1 (800) 650-AURA (2872)

關於譯者

于曉明，1973 年畢業于武漢大學外語系英語專業。現就讀于精神文理學院，修習 KOL 教師課程。于 2018 年獲該校助理教師認證書。

譯作有《痛苦的負面情感：醫治身體，療愈情感》(Painful & Negative Emotions: Treat the Body, Heal the Emotions by Mary Swaine B.A., N.D., P.M.I.A.C.)；《生命盡頭的需要》(The Needs of the Dying by David Kessler)；與劉亞平共同翻譯《生命終期的優質療護》(The Best Care Possible by Ira Byock, MD)。

關於審校者

　　劉亞平，1973 年畢業于武漢大學外語系英語專業；1990 年于英國肯特大學獲得國際關係學碩士學位；2008 年於加拿大約克維爾大學取得心理諮詢碩士學位。2004 年 – 2023 年在加拿大多倫多塞內卡理工學院任學生心理諮詢師。

　　譯 作 有 ：《 與 疾 病 建 立 新 型 關 係 》〈 A New Relationship to Disease〉by Mary Swaine, B. A., N. D., P. M. I. A. C.；和于曉明共同翻譯：《生命終期的優質療護》〈The Best Care Possible〉by Ira Byock, MD。

www.ingramcontent.com/pod-product-compliance
Lightning Source LLC
Chambersburg PA
CBHW062117020426
42335CB00013B/998